AF136848

Karl Koppmann

Geschichte der Stadt Rostock

Karl Koppmann

Geschichte der Stadt Rostock

ISBN/EAN: 9783743319363

Hergestellt in Europa, USA, Kanada, Australien, Japan

Cover: Foto ©ninafisch / pixelio.de

Karl Koppmann

Geschichte der Stadt Rostock

Geschichte der Stadt Rostock

von

Karl Koppmann

Stadtarchivar.

***

Erster Theil.
**Von der Gründung der Stadt bis zum Tode
Joachim Slüters (1532).**

Rostock.
Wilh. Werthers Verlag.
1887.

Aufgeschnittene Exemplare können nicht zurückgenommen werden.

E. E. Rath

und der

Ehrl. Bürgerschaft

der Stadt Rostock

als Glückwunsch

zu der Einführung ihrer neuen Verfassung.

Vorwort.

Eine zusammenfassende Geschichte der Stadt Rostock ist seit fünfzig Jahren nicht veröffentlicht worden. In der Zwischenzeit hat die Forschung im Bereiche der Rostockischen Geschichte natürlich nicht gefeiert. Durch die Veröffentlichung eines reichen Urkunden = Materials und durch die kritische Sichtung und Würdigung der älteren historiographischen Arbeiten ist eine breitere, festere Grundlage gewonnen, mannigfache Schwierigkeiten sind durch sorgfältige Erörterung wichtiger Einzelfragen gehoben, große Gebiete sind liebevoll gepflegt und Gegenstand vortrefflicher Monographien geworden. Fast in allen Theilen überholt, ist dennoch die 1836 erschienene Chronik Dr. Werner Reinholds die einzige Zuflucht des Nicht = Fachmanns geblieben.

Mit den allmählich gemachten Fortschritten in der Erkenntniß der Rostockischen Geschichte hatte der Verfasser, als ihm ein ehrendes Vertrauen die Verwaltung des Raths= archivs übertrug, sich im Zusammenhange vertraut zu machen. Sein eigenes Bedürfniß, in Dingen, die ihm in den Einzelheiten natürlich nicht bekannt waren, sich leicht und sicher orientiren zu können, ist die erste Veranlassung gewesen, eine kurze Geschichte der Stadt Rostock, zunächst bis zum Tode Slüters zu entwerfen.

Ein ebenmäßig ausgestattetes Werk über Rostock's Geschichte zu liefern, ist wohl vor der Hand überhaupt noch nicht möglich. Jedenfalls kann und will dieses Buch einen solchen Anspruch nicht erheben. Die bescheidenere Aufgabe, die der Verfasser sich gestellt hat, besteht darin, die Vergangenheit der Stadt, soweit und wie sie bei dem jetzigen Stande der Forschung zu erkennen ist, sich voll zu vergegenwärtigen und getreu und klar wiederzuspiegeln. Wo die Dinge feststehen und durchsichtig sind, da hat er sich kurz zu fassen gesucht; wenn Dunkelheit herrscht, wenn irrigen Anschauungen entgegenzutreten ist, wenn das Neben- und Durcheinander verschiedener Fäden dem Auge ein schnelles Erfassen unmöglich macht, dann ist ihm das Eingehen auf Einzelheiten als unvermeidlich erschienen; ist eine wichtige Seite des Lebens gar nicht zur Darstellung gekommen, wie z. B. die bürgerlichen Verhältnisse vor der Reformation, Handel und Schifffahrt, Gewerbe und Künste, so begründet sich diese Unterlassung durch das Fehlen irgendwie ausreichender Vorarbeiten.

Das Bewußtsein solcher Schwächen seiner Arbeit, ihrer Unvollständigkeit und des ihr mangelnden Ebenmaßes, hat den Verfasser nicht bewegen können, dieselbe auf eine unberechenbare Zeit zurückzuhalten. Als Zusammenfassung dessen, was die Forschung auf dem Gebiete Rostockischer Geschichte bisher erreicht hat, scheut sie vor einem unbefangenen Urtheil nicht zurück; als Versuch, den Söhnen Rostocks die Vergangenheit ihrer Vaterstadt in scharfer Zeichnung übersichtlich, deutlich und wahrheitsgetreu vorzuführen, hofft und vertraut sie auf eine wohlwollende Aufnahme.

Rostock, 1887 im Mai.

Karl Koppmann.

Inhaltsverzeichniß.

Erstes Buch. Das Aufblühen der Stadt.

1. Wendisch=Rostock.

Der Name Rostock ist wendischer Herkunft und bedeutet, wie schon Bischof Boguphal von Posen um die Mitte des 13. Jahrhunderts richtig erkannte (Rostoky, sagt er, a dissolucione aquarum), einen Ort, neben welchem ein Gewässer aus enger Rinne heraustritt, um in breiterem Bette weiter zu fließen. Vier Dörfer in Böhmen und ein Pfarrdorf in der Bukowina heißen völlig übereinstimmend Rostok, Rostoki, Roztoky.

Der Ort, dem der Name Rostock ursprünglich eignete, war eine Wendenburg, welche der Slawenstamm der Kissiner am rechten Ufer der Warnow in der Sumpfniederung der jetzigen Petribleiche aufgeworfen hatte. Diese wendische Burg, Alt=Rostock dürfen wir sagen, wird zuerst erwähnt im Jahre 1160, unmittelbar nach dem Tode des Obotriten= Fürsten Niklot, des Stammvaters unsers mecklenburgischen Fürstenhauses. Durch einen Kaufbrief vom 27. Febr. 1286 erwarb die Stadt den Burgwall, auf welchem einst die wendische Burg gestanden hatte, mit dem Dorfe Wendisch= Wiek, der ehemaligen Vorburg Alt=Rostocks. Eine Kirche des h. Klemens, die sich hier befunden hatte, war schon 1293 abgebrochen und im Jahre 1325 lagen städtische Gärten auf dem Boden der ehemaligen Burg und der Platz, der einst die Häuser der Vorburg getragen, und selbst die Straße, welche die Wenden hier gehabt hatten, waren von der Stadt zu Pacht ausgethan.

1

2. Die deutsche Stadt Rostock.

Ein bestimmtes Gründungsjahr der deutschen Stadt Rostock läßt sich nicht angeben. Im Jahre 1189 stellte aber Fürst Niklot II, ein Enkel Niklots I, in seiner Burg Alt-Rostock zu Gunsten des Klosters Doberan zwei Urkunden aus, die darauf hinweisen, daß damals schon an der linken Seite der Warnow ein Marktplatz, der jetzige Alte Markt, vorhanden und mittels einer Brücke, der jetzigen Petri= brücke, mit der Fürstenburg am rechten Warnow=Ufer ver= bunden war. Freilich verging dann noch ein Menschenalter, ehe Fürst Heinrich Borwin I, dem nach dem Tode des kinderlosen Niklot II, seines Vetters, auch die Herrschaft Rostock (1200) zugefallen war, seiner Stadt Rostock am 24. Juni 1218 das erste Privileg ausstellte, in welchem er ihr die Zollfreiheit in seiner ganzen Herrschaft und den Gebrauch des Lübischen Rechtes bestätigte. Damals aber war eine organisirte Stadtgemeinde sicher schon vorhanden, denn unter den Zeugen dieser Urkunde werden 10 Rostocker Rathmannen aufgeführt, und die Namhaftmachung eines Priesters Stephan von Rostock läßt vermuthen, daß auch bereits eine eigene Stadtkirche, die Petrikirche, erbaut worden war. Vierzehn Jahre später (1232) beurkunden die Fürsten einen zu St. Marien in Rostock geleisteten Verzicht und nach Verlauf weiterer zwanzig Jahre erscheinen (1252) die drei Pfarrer von St. Petri, St. Marien und St. Jakobi neben einander: mit der dadurch bezeugten Existenz der drei Pfarrkirchen und der Gliederung der Stadt in Altstadt, Mittelstadt und Neustadt hat der Ausbau der deutschen Stadt Rostock der Hauptsache nach ihren Abschluß gefunden.

3. Rostock im Bunde der wendischen Städte.

Diese schnelle Entwickelung von einem Marktplatz zu einer dreigliederigen Stadtgemeinde, in der Zeit zweier Menschenalter, von 1189 bis 1252, verdankt Rostock einestheils seiner günstigen Lage, anderntheils dem Reichthum von Freiheiten und Gerechtsamen, mit denen die Stadt von Anfang an bewidmet gewesen sein muß. Den Hauptschatz dieses Reichthums bildete zweifelsohne das Lübische Recht. Dieses Rechtes waren auch die Schwesterstadt Wismar und die Nachbarstädte Pommerns Stralsund und Greifswald theilhaftig, und solche Gemeinsamkeit des Rechtes wob um diese auf gleichartigem Boden erwachsenen und unter gleichen Lebensverhältnissen aufblühenden Städte ein starkes Band, machte sie geeignet zum festen Kern des großen hansischen Städtebundes.

Im Jahre 1257 treffen wir zum ersten Male Rathmannen der drei Städte Lübeck, Rostock und Wismar bei gemeinsamen Verhandlungen beisammen; vierundzwanzig Jahre später (1281) waren bei einer Versammlung zu Rostock auch Vertreter Stralsunds und Greifswalds anwesend; drei Jahre darauf (1284) wurde zu Wismar der Krieg gegen Norwegen beschlossen, an dem sich außer den fünf genannten wendischen Städten auch Wisby auf Gotland und Riga betheiligten; neun Jahre später (1293) schlossen die Städte Lübeck, Wismar, Rostock, Greifswald und Stralsund ein dreijähriges Bündniß, das bei seinem Ablauf (1296) auf weitere drei Jahre verlängert wurde. Diesem Bündnisse zufolge hatte im Fall eines Krieges Lübeck 100 Mann, Rostock 70, Stralsund 50, Greifswald und Wismar je 38 Mann zu stellen; es nahm also innerhalb der Gruppe der wendischen Städte Rostock nach Lübeck den vornehmsten Platz ein, nach ihm folgte Stralsund, zu

1*

unterst standen Greifswald und Wismar. Mit Lübeck einerseits und mit Stralsund andererseits war Rostock noch enger verbunden: von Lübeck hatte es sein Recht empfangen, an Stralsund hatte es dasselbe mitgetheilt (1234); im Jahre 1295 behielt sich Stralsund sein altes Recht vor, daß bei einer in seiner Stadt anhängig gemachten Rechts= sache von dem Urtheil seines Rathes zunächst an Rostock und erst von dessen Entscheidung an Lübeck appellirt werden müsse. Lübeck, dem im Jahre 1226 von den Söhnen Heinrich Borwins II, Johann, Nikolaus und Heinrich Borwin III, als Herren von Rostock, Zollfreiheit für ihre ganze Herrschaft auf immerwährende Zeiten ver= liehen worden war, sprach in seiner etwa 1227 abgefaßten Zollrolle die gleiche Freiheit den Leuten des Herrn Borwin und seiner Söhne zu.

4. Rostocks früheste Handelsbeziehungen.

Die älteste Urkunde, welche das Rathsarchiv im Original aufbewahrt, ist ein Handelsprivileg des Königs Abel von Dänemark vom Jahre 1251, das den Bürgern Rostocks für den Besuch der Jahrmärkte von Skanör die= selben Rechte ertheilt, deren die Bürger Lübecks genießen; fünfundzwanzig Jahre später erwarben die Stralsunder von König Erich das gleiche Recht, das den Lübeckern und den Rostockern von seinen Vorfahren verliehen war, daß sie nämlich bei Streitigkeiten unter einander die Entschei= dung ihres eigenen Vogtes anrufen durften. Noch weiter zurück reichen vermuthlich die Beziehungen Rostocks zu Livland: das Privileg, in welchem Heinrich Borwin III im Jahre 1257 der Stadt Riga Zollfreiheit in seinen Landen gewährt, bedingt als Gegenleistung aus, daß Riga im Namen des Fürsten jährlich einen Gewappneten zum

Kampf gegen die Ungläubigen stelle, wie es solches bisher
gethan habe zum Seelenheil der Fürsten Heinrich Borwin I
und Heinrich Borwin II. Auch der Handelsverkehr mit
Norwegen ist für frühe Zeiten beglaubigt: eine Aufzeich=
nung über Verluste, die der König von Norwegen Rostocker
Bürgern zugefügt hat, stammt aus dem Jahre 1260, und
bei den Gewaltthätigkeiten, welche 1284 zum Krieg der
Städte gegen Norwegen führten, scheint Rostock unter den
Räubereien Alf Erlingssons, des Lehnsmannes von Töns=
berg, besonders gelitten zu haben:

> „Und als Kunde davon kam nach Rostock herein,
> Da erblich manch rosiges Wängelein.
> Kennt ihr den Alf?“

Engländer erscheinen im Jahre 1262 in Rostock, um sich
mit einem hiesigen Bürger, der zu ihnen in einem Schuld=
verhältniß steht, vor dem Rath auseinanderzusetzen. Von
Beziehungen der Stadt zu Flandern (1294) und zu Now=
gorod (1293) haben wir nur durch Urkunden Nachricht, in
denen Rostock zusammen mit Lübeck und den anderen Ge=
nossinnen des wendischen Städtebundes auftritt. Dem Ver=
kehr mit Wisby, von wo aus der Rath im Jahre 1283
gotländische Fliesen zu seinen städtischen Bauten bezog,
verdankte das Rathmannengeschlecht derer von Gotland,
eigentlich Gotlandsfahrer, seinen Namen. In gleicher
Weise war nach seinen oder eines Vorfahren Handels=
fahrten nach Livland Lübbert Dünafahrer, Rathmann seit
1289, genannt. Nach ihren Handelsbeziehungen zu dänischen
Ortschaften hießen Rostocker Bürger von Horsens, von
Kopenhagen, von Nestved, von Nyköping und von Skanör:
mit Dänemark stand eben Rostock am frühsten und am
lebhaftesten in Verkehr, insbesondere mit Schonen, wo unsere
Kaufleute und Schiffer, die Schonenfahrer, ihre sogenannte

Fitte neben der deutschen Kirche und dem Rostocker Kirchhof hatten (1352) und wo für die dort zu füllenden Herings- tonnen Rostocker Band das Normalmaaß war.

5. Rostock unter dänischer Herrschaft und Oberhoheit.

Der letzte Sproß des Rostocker Fürstenhauses war Nikolaus das Kind, ein Enkel Heinrich Borwins III, der Sohn Waldemars. Auf den Rath des Fürsten Heinrich II von Mecklenburg hatte sich Nikolaus mit dessen Schwägerin, Margaretha, einer Tochter des Markgrafen Albrecht von Brandenburg, verlobt, brach aber dieses Verlöbniß und vermählte sich auf Anrathen des Fürsten Wizlaw von Rügen im Jahre 1299 mit Margaretha, der Tochter Bogislaw IV von Pommern-Wolgast. Das gab den Anlaß oder den Vorwand zu einem Bündniß, dessen Seele Niko- laus von Werle gewesen zu sein scheint und das darauf hinausging, Nikolaus dem Kinde sein Land abzugewinnen. Gegen die verbündeten Fürsten suchte Nikolaus Schutz bei König Erich Menved von Dänemark; am 22. Decbr. 1300 nahm er Stadt und Land Rostock von ihm zu Lehn.

Im Juni 1301 kam König Erich nach Rostock, schloß aber bald darauf Frieden mit Nikolaus von Werle und theilte sich mit ihm in das Land seines Lehnsträgers. Ihrem verrathenen Landesherrn getreu, leistete Rostock dem Dänenkönig Widerstand. Am 26. August 1302 aber schlossen vor der belagerten Stadt die Herzöge von Schles- wig und Langeland, die Grafen von Holstein, die Fürsten von Rügen, von Werle und von Mecklenburg mit König Erich und den Markgrafen von Brandenburg einen Ver- trag, nach welchem alle Theilnehmer dazu helfen wollten, daß König Erich Stadt und Land Rostock bekäme. Gegen die Mitte des September war Erich Herr der Stadt, in der nunmehr dänische Vassallen als Hauptleute des Landes Rostock die Rechte ihres Königs wahrnahmen.

Im Sommer 1311 brach zwischen dem Fürsten Heinrich von Mecklenburg und der Stadt Wismar ein Kampf aus. Die Stadt Rostock verschloß dem König Erich am 12. Juni ihre Thore und leistete trotz seines Verbots der belagerten Schwesterstadt Beistand. Am 6. September ernannte der König den Fürsten Heinrich zum Hauptmann des Landes Rostock.

Fürst Heinrich sperrte den Rostockern die See ab durch zwei Thürme, die er bei Warnemünde zu beiden Seiten des Stromes erbaute; die Rostocker aber brannten den einen Thurm nieder, zwangen die Besatzung des andern zur Uebergabe und erbauten nun ihrerseits einen Thurm zur Bewahrung ihres Fahrwassers.

Am 30. Juni 1312 lagerte König Erich in Warne=münde und gegen die Mitte des September mußte sich die Besatzung des Thurmes nach elfwöchentlicher Belagerung ergeben. Nun begann der Kampf gegen die Stadt selbst. Am 7. December schloß Rostock Frieden mit den Mark=grafen von Brandenburg; am 15. gelobte sie, dem Fürsten Heinrich zu Händen König Erichs den Treueid zu leisten.

Schon die Nachricht vom Fall des Warnemünder Thurms hatte in Rostock einen Aufruhr hervorgerufen; das Versprechen der Huldigung führte zu einem neuen Aufstande und zum Umsturz der Stadtverfassung. Erst nach Jahresfrist gelang es dem Fürsten, in Folge eines Vertrages, den er mit acht vertriebenen Rathsmitgliedern geschlossen hatte, in die Stadt zu kommen, wo ihm am 19. Januar 1314 der wieder eingesetzte Rath die ver=sprochene Huldigung leistete. Der unglückliche Fürst Niko=

laus von Rostock, der dies Alles noch miterlebt hatte, starb bald darauf am 25. November 1314.

Fürst Heinrich von Mecklenburg, der bisherige Hauptmann des Landes Rostock, erhielt dasselbe am 7. Januar 1317 von König Erich zu erblichem Lehn. Diesem Lehnsverband zuwider nahmen die Fürsten Albrecht und Johann am 8. Juli 1348 bei ihrer Erhebung zu Herzögen ihre Lande von König Karl IV zu Reichslehn; am 8. Mai 1350 verglichen sie sich aber mit König Waldemar von Dänemark dahin, daß sie sich bereit erklärten, sich von ihm mit dem Lande Rostock belehnen zu lassen.

6. Rostock im hansischen Städtebunde.

Der Bund der fünf wendischen Städte hatte durch den planmäßigen Kampf, den unter des Dänenkönigs Führung die norddeutschen Fürsten gegen die deutschen Ostseestädte in den beiden ersten Jahrzehnten des 14. Jahrhunderts richteten, sein Ansehn verloren und schien völlig gesprengt zu sein. Aber die gemeinschaftlichen Interessen und Bedürfnisse knüpften doch die zerrissenen Beziehungen allmählich wieder zusammen. Im Jahre 1338 schlossen Lübeck, Hamburg, Rostock und Wismar mit mehreren Fürsten ein Landfriedensbündniß; im nächsten Jahre (1339) vereinigten sich Lübeck, Rostock, Wismar, Stralsund und Greifswald mit den Grafen von Holstein zur Befriedung der See; zwei Jahre später (1341), nachdem Holsteins großer Fürst Gerhard III erschlagen und Waldemar Atterdag auf den dänischen Thron gekommen war, verbanden sich die fünf wendischen Städte mit dem Dänenkönig zur Bekämpfung der Söhne Gerhards; drei Jahre darauf (1344) wurde von ihnen ein Bündniß zu gemeinsamem Kampf gegen die Seeräuber mit König Magnus von

Schweden geschlossen. Im Laufe eines Menschenalters hatte demgemäß der Bund der wendischen Städte seine alte Festigkeit zurückgewonnen.

Als im Jahre 1361 die Eroberung Wisbys durch König Walbemar den ersten Krieg der Hansestädte gegen Dänemark hervorrief, vereinigten sich Lübeck, Hamburg, Bremen, Kiel, Wismar, Rostock, Stralsund, Greifswald, Anklam, Stettin und Kolberg mit den Königen Magnus von Schweden und Hakon von Norwegen. Durch den unglücklichen Verlauf desselben warb Rostock mit am härtesten betroffen; 1364 schmachteten noch 83 seiner Bürger und Söldner in dänischer Gefangenschaft und erst 1366 erhielt sein gefangener Hauptmann Ritter Barthold Stoltenberg seine Freiheit zurück. Der siegreiche zweite Krieg der Hansestädte gegen Walbemar von Dänemark und Hakon von Norwegen führte dagegen zu dem ruhmvollen Stralsunder Frieden vom 24. Mai 1370, durch den erst der hansische Städtebund seine volle Bedeutung, die unbestrittene Herrschaft auf der Ostsee und dadurch die Stellung einer nordeuropäischen Großmacht gewann.

Im ersten dieser Kriege bestanden die Kontingente der fünf Städte für Lübeck aus 600 Mann, für Rostock und Stralsund aus je 400, für Wismar und Greifswald aus je 200 Mann. Im zweiten Kriege, an dem sich 43 deutsche Städte betheiligten, war die Last, welche von den einzelnen Mitgliedern zu tragen war, nur halb so groß: von unsern fünf Städten wurden 800 Mann ausgerüstet, von Lübeck 300, von Stralsund 200, von Rostock 140, von Wismar 100 und von Greifswald 60 Mann.

7. Rostock als Hanse- und Territorialstadt.

Als Mitglied des hansischen Städtevereins hatte Rostock selbstverständlich nicht aufgehört, mecklenburgische Stadt zu sein; abgesehen von Lübeck, Köln, Goslar und Dortmund befanden sich vielmehr alle Mitglieder des Bundes in der Doppelstellung einer Hansestadt und einer Territorialstadt. Solche Doppelstellung machte Konflikte unvermeidlich.

Herzog Albrecht II von Mecklenburg ging darauf aus, Mitglieder seiner Familie in Dänemark wie in Schweden auf den Königsthron zu bringen. Mit einer Schwester Magnus' von Schweden vermählt, hatte er für seinen ältesten Sohn, Heinrich III, um die erstgeborene Tochter Waldemars von Dänemark, Ingeburg, geworben, deren jüngere Schwester, Margarethe, die Gemahlin Hakons von Norwegen war. Der zweite Sohn, Albrecht, war Magnus gegenüber am 17. Febr. 1364 zum König von Schweden erhoben worden, hatte den Gegner am 3. März 1365 bei Enköping besiegt und hielt ihn sieben Jahr lang gefangen. Magnus' Sohn aber, Hakon von Norwegen, war entkommen und hatte bei dem Schwiegervater Waldemar Unterstützung gefunden.

Die gemeinsame Gegnerschaft gegen Waldemar und Hakon hatten Herzog Albrecht von Mecklenburg und König Albrecht von Schweden zu Verbündeten der Hansestädte gemacht. Als dann der Friede zu Stralsund geschlossen wurde, waren noch besondere Vereinbarungen für das Verhältniß der beiden mecklenburgischen Städte zu den nordischen Reichen nothwendig. In den Verträgen vom 9. Juni mit Dänemark und vom 2. Juli 1370 mit Norwegen trat Rostock dem Stralsunder Frieden dergestalt bei, daß trotz eines Krieges zwischen Mecklenburg und Dänemark oder Norwegen Friede sein sollte zwischen Rostock als Hansestadt und den nordischen Reichen, daß es, ohne den Frieden zu brechen, seinem Herrn als Territorialstadt bei der Landesvertheidigung Hülfe leisten könnte, daß es aber den Frieden vorher aufsagen müßte, wenn es seinem Herrn zum Angriffskriege jenseit des Meeres zu folgen gewillt wäre.

Nach dem Tode Waldemars von Dänemark (1375 Oft. 24) standen die beiden Enkel, Albrecht IV von Mecklenburg, der Ingeburg Sohn, und Olav von Norwegen, der Sohn Margarethens, einander als Kronprätendenten gegenüber. Der dänische Reichsrath wählte am 3. Mai 1376 den fünfjährigen Olaf zum König; aber die Angehörigen Albrechts IV gaben den Anspruch nicht auf. Nachdem der Großvater, Albrecht II (1379 Febr. 18), und der Vater, Heinrich III (1383 Apr. 24), gestorben waren, trat der Oheim, Albrecht von Schweden, für ihn ein. Als dann bald nach einander auch König Olaf (1387) und Albrecht von Mecklenburg (1388) starben, entbrannte der Kampf um die dänische Krone zwischen der Tochter Waldemars und dem letzten Sohne Albrechts II von Mecklenburg. Margarethe blieb Siegerin, König Albrecht und sein Sohn Erich fielen 1389 in der Schlacht bei Fal= köping in ihre Gewalt und mußten zur Sühne für die einstige Gefangenschaft des Königs Magnus sieben Jahr lang in Lindholm als Gefangene schmachten.

Bei der Noth des Landes ließ sich für die mecklen= burgischen Städte die bisherige Doppelstellung nicht auf= recht erhalten; einmüthig traten Rostock und Wismar dem Bündnisse bei, das am 3. Mai 1391 von den Landes= herren, der Ritterschaft und den Städten zum Krieg gegen die drei nordischen Reiche geschlossen wurde, und öffneten entschlossen, wenn auch schweren Herzens, allen denjenigen, welche diese Reiche zu schädigen beabsichtigten, ihre Häfen; wie Gott weiß, schrieben sie an die Hansestädte, nicht aus Uebermuth, sondern weil unsere Ehre es nicht anders zu= läßt, als daß wir in diesem Kriege unserm Landesherrn helfen.

8. Die Vitalienbrüder auf der Ostsee.

Der Bruder Albrechts II, Herzog Johann I von Stargard, fuhr 1390 nach Schweden hinüber, um Stock= holm, die einzige Festung, welche von der Herrschaft König Albrechts übrig geblieben war, im Namen seines Neffen in Besitz zu nehmen. Im folgenden Jahre (1391) unter= nahm sein Sohn, Johann II, einen Kriegszug, zu welchem Rostock und Wismar Kriegsschiffe ausrüsteten, eroberte Bornholm und Gotland und kam nach Stockholm. Dem bedrängten Schlosse Lebensmittel zuzuführen, war, wie die Aufgabe der Mecklenburger, so auch der Vorwand jener Gesellen, welche unter dem Namen Vitalienbrüder in bis= her unerhörtem Maße die Ostsee unsicher machten und raubten und plünderten, was auf der See war. Ihre Hegung in Rostock und Wismar reizte Holländer und Eng= länder zu bitteren Vorwürfen und selbst zu Repressalien gegen die Hansestädte, die doch selber arg genug von den Freibeutern geschädigt wurden. Im Jahre 1394 wurde die Ausrüstung einer Flotte beschlossen, die zwiefach so stark sein sollte wie diejenige, die man 1368 gegen Däne= mark und Norwegen aufgebracht hatte; aber die Aus= führung scheiterte an dem Widerspruche der preußischen Städte, deren Herrscher, der Hochmeister des Deutschordens, durch eine mecklenburgische Gesandtschaft zum Abschluß eines vorläufigen Friedens bewogen worden war. Im folgenden Jahre gelang es den Hansestädten, einen Frieden zwischen der Königin Margaretha und den Mecklenburgern zu vermitteln, der König Albrecht von Schweden und seinem Sohne Erich am 8. September 1395 gegen ein Lösegeld von 60,000 Mark löthigen Silbers (2½ Millionen Reichsmark) die Freiheit gab; binnen drei Jahren sollte der König das Lösegeld zahlen oder nach Ablauf derselben entweder in die Gefangenschaft zurückkehren oder Stockholm an die Königin ausliefern lassen; Stockholm sollte inzwischen als Unterpfand den Hansestädten zur Bewahrung übergeben werden.

Margaretha, die nach dem Tode ihres Sohnes Olaf Erich von Pommern, Enkel ihrer Schwester Ingeburg, Sohn der Marie von Mecklenburg und des Herzogs Wartislaw VII von Pommern-Stolp, zu ihrem Nachfolger erwählt hatte, gewann demselben im Jahre 1396 die Huldigung in Dänemark und Schweden und bewirkte am 13. Juli 1397 den Abschluß der kalmarischen Union, durch welche die drei nordischen Reiche dauernd unter Einen König gestellt wurden. Dem gegenüber entschlossen sich die Mecklenburger, das Kriegsglück noch einmal zu versuchen. Erich, des Schwedenkönig Albrechts Sohn, fuhr 1396 nach Gotland hinüber, wo Wisby durch eine mecklenburgische Besatzung dem dänischen Hauptmann des Landes, Swen Sture, gegenüber vertheidigt wurde, bemächtigte sich durch ein Abkommen mit Swen Sture der ganzen Insel, nahm den Königstitel an und gedachte mit der Hülfe der Vitalienbrüder sich Stockholms zu bemächtigen. Aber ein früher Tod machte diesen Plänen Erichs am 27. Juli 1397 ein schnelles Ende; Gotland fiel durch einen Handstreich des Hochmeisters am 5. April 1398 in die Gewalt des Deutschordens; Abo und die übrigen Schlösser Finnlands, die in

ben Händen Swen Stures und anderer Vitalienbrüder
waren, mußten 1399 der Königin Margaretha übergeben
werden. Schon vorher war auch Stockholm, da König
Albrecht weder das Lösegeld aufzutreiben vermochte, noch
in die Gefangenschaft zurückzukehren Willens war, der
Königin Margaretha am 29. August 1398 von den Hansestädten ausgeliefert worden. Dreizehn Monate später, am
29. Sept. 1399, machten Rostock und Wismar mit den
drei nordischen Reichen ihren Frieden.

9. Rostocks Privilegien.

Dem ersten Privileg vom 24. Juni 1218, in welchem
Fürst Heinrich Borwin I den Bürgern ihren Grundbesitz,
Zollfreiheit in seiner Herrschaft und den Gebrauch des
Lübischen Rechtes bestätigt hatte, waren noch im Laufe des
13. Jahrhunderts eine Reihe weiterer Freibriefe gefolgt.

Am 25. März 1252 verkaufte Fürst Heinrich Borwin III der Stadt für 450 ℔ die Rostocker Heide, ver-
zichtete bei Strandungsfällen in ihrem Hafen auf jegliches
Recht und gewährte die Fischereigerechtigkeit auf der Warnow von der Petribrücke bis Warnemünde und über ihren
Hafen hinaus im offenen Meer, sowie auch Stadtrecht
innerhalb ihrer neuen Markscheiden.

Am 18. Juni 1262 bestimmten Fürst Heinrich Borwin III und seine Söhne Johann und Waldemar, daß in
Rostock nur Ein Rath und Ein Gericht sein und daß die
geeinigte Stadtgemeinde jährlich eine Bede von 250 ℔
bezahlen sollte.

Am 12. Oktober 1264 gab Fürst Heinrich Borwin III
den Bürgern, welche schwer durch Brand gelitten hatten,
unentgeltlich die freie Fahrt durch die fürstlichen Mühlen,
deren Müller er zugleich dem Stadtrecht unterstellte, ferner

das Recht, das ihm an einem Bruchlande vor der Stadt zustand, und das Stadtrecht in ihrem Hafen zu Warnemünde und innerhalb aller ihrer Markscheiden.

Am 27. Oktober 1266 versprach Fürst Waldemar, daß der von seinem Vater, Heinrich Borwin III, begonnene und zur Erbauung eines Schlosses bestimmte Wall beim Bramower Thor niedergelegt und nie wieder aufgebaut werden sollte.

Am 11. December 1275 verkaufte Fürst Waldemar unter Genehmigung seines Vaters, Heinrich Borwins III, der Stadt das Dorf Nemezow nebst Lipe und dessen Zubehör zu Stadtrecht und versprach ihr für den Fall, daß sie die Bauern des Dorfes legen würde, seinen Schutz gegen etwaige Ansprüche des Bischofs von Schwerin oder des Pfarrers, zu dessen Kirchspiel dasselbe gehört hatte.

Am 21. December 1278 verkaufte Fürst Waldemar den Bürgern Rostocks die Hundsburg und ging für sich und seine Erben die Verpflichtung ein, vom Meere und von Warnemünde ab aufwärts zu beiden Seiten der Warnow kein Schloß zu erbauen, ohne wenigstens eine Meile damit von dem Flusse abzubleiben.

Am 27. Februar 1286 verkaufte Fürst Nikolaus mit Einwilligung seiner Mutter Agnes sein Dorf Wendisch-Wiek und den Burgwall von Alt-Rostock, sowie auch den Pagenwerder und die dem Judenkirchhof zunächst gelegene Mühle zu Stadtrecht.

Diesen sieben Privilegien, welche die Stadt außer dem Privilegium von 1218 dem Fürsten von Rostock verdankt, schließen sich vier weitere Privilegien an, die sie von den Fürsten und Herzögen von Mecklenburg erworben hat.

Am 24. September 1322 verkaufte Fürst Heinrich II,

der Löwe, der Stadt das Schloß und den Thurm zu Warnemünde zum Abbrechen.

Am 11. März 1323 übertrug ihr Fürst Heinrich die volle Gerichtsbarkeit in der Heide, das Dorf Warnemünde mit der vollen Gerichtsbarkeit und die Fischereigerechtigkeit im offenen Meere vom Zarneſtrom an bis nach Dietrichshagen.

Am 13. December 1325 verkaufte ihr Fürst Heinrich für 1000 Mark die ausschließliche Münzgerechtigkeit inner= halb der Herrschaft Rostock.

Am 29. November 1358 verkaufte Herzog Albrecht II der Stadt für 2000 Mark das Gericht und die Gerichts= barkeit zu Rostock innerhalb und außerhalb der Stadt, zu Lande und auf dem Meere, „soweit sich ihre Markscheiden erstrecken".

10. Verfassungsverhältnisse.

Eine Bestätigung dieser Privilegien erfolgte der Regel nach nur unmittelbar nach voraufgegangener Huldigung. Zum ersten Male huldigte die Stadt — dem Versprechen vom 15. December 1312 gemäß — am 19. Januar 1314 dem Fürsten Heinrich von Meklenburg zu Händen des Königs Erich von Dänemark. Am 4. Juni 1323 leistete sie dem Fürsten, nachdem derselbe am 21. Mai die Lande Rostock, Gnoien und Schwan von König Christoph zu erb= lichem Lehn empfangen hatte, die Huldigung auf des Königs Befehl zu eigenen Händen. Zum dritten Male huldigte sie den Söhnen des Fürsten, als dieselben am 8. Juli 1348 von König Karl IV zu Herzögen von Meklenburg erhoben worden waren, Herzog Heinrich II am 26. März, und Herzog Johann II am 20. April 1349. Abgesehen von den bei diesen Gelegenheiten erhaltenen summarischen Privilegien = Bestätigungen wurden ihr noch jene sieben Privilegien der Fürsten von Rostock vom Fürsten Heinrich von Mecklenburg in ebenso vielen Urkunden am 27. Juli 1325 einzeln bestätigt.

Dem Landesherrn war die Stadt zu einer jährlichen Geldleistung verpflichtet. Am 18. Juni 1262 bestimmte Fürst Heinrich Borwin II, daß die nunmehr einheitliche Stadtgemeinde ihm jährlich eine Bede von 250 Mark zu bezahlen habe. Diese Summe wurde in zwei Terminen entrichtet, zu Martini (Nov. 11) oder Michaelis (Sept. 29) mit 90 Mark und am Petri=Pauli=Tage (Juni 29) mit 160 Mark; vermuthlich hatte vor 1262 die erstere Summe von der Altstadt, die letztere von Mittel= und Neustadt bezahlt werden müssen. Statt des Ausdrucks Bede wurde später (seit 1324) die Bezeichnung Orbör gebraucht.

Zur Wahrnehmung der landesherrlichen Rechte in der Stadt war ein Vogt vorhanden. Bertram von Rostock (1229) ist der erste, der in dieser Stellung vorkommt; hernach wird sie unter Andern von Mitgliedern der Familien von Schwaß, von Jork, von Kardorff, von Schnakenburg und von Arkow bekleidet. Dem Vogt gebührte insbesondere der Vorsitz im Gericht über Kriminalsachen, und er bezog dafür denjenigen Theil der Strafgelder, welchen der Landesherr sich vorbehalten hatte; schon in früher Zeit (1283) ließ er sich aber in seinen gerichtlichen Funktionen durch einen Untervogt vertreten. Während der dänischen Herrschaft hatte der Landeshauptmann, der in Rostock selbst seinen Wohnsitz hatte, nur einen Untervogt. Von den Fürsten und Herzögen von Mecklenburg wurden wieder Vögte eingesetzt, Mitglieder der Familien Moltke, von Zehna und von Jesewitz, die entweder persönlich oder durch Vertretung eines ihrer Beamten als Untervogtes dem Gericht

2

beiwohnten, bis die Stadt am 29. November 1358 die volle Gerichtsbarkeit durch Ankauf erwarb.

Die Leitung der Stadtgeschäfte lag dem Rathe ob, der die Stadt nach außenhin und auch dem Landesherrn oder dessen Beamten gegenüber vertrat, im Innern die Verwaltung führte, gesetzliche Bestimmungen erließ und theilweise selbstständig, theilweise unter dem Vorsitz des Vogtes zu Gericht saß. Ursprünglich gab es zwei verschiedene Rathskollegien; am 18. Juni 1262 bestimmte aber Fürst Heinrich Borwin II, daß fortab nur Ein Rath und Ein Gericht sein sollten, und am 29. Juni 1265 faßten Rath und Bürgerschaft den Beschluß, Rath und Gericht für die ganze Stadt sollten auf dem Mittelmarkt gehalten werden. Die näheren Umstände dieses verfassungsgeschichtlich hochinteressanten Aktes sind vorläufig noch nicht zu erkennen, doch steht es zweifelsohne mit demselben in Zusammenhang, daß sich im Jahre 1262 die Zahl der urkundlich genannten Rathsmitglieder stark vermehrt hat. Ein Theil dieser Rathsmitglieder war nach herkömmlicher Ordnung von den laufenden Geschäften zeitweilig befreit; am 22. Februar schieden diejenigen, welche an die Reihe gekommen waren, aus, die bisher befreiten traten wieder ein und bildeten mit den zurückgebliebenen und den etwa neuerwählten Rathsherren zusammen für das nun beginnende Geschäftsjahr den sogenannten neuen oder sitzenden Rath. Die Ausgeschiedenen, der sogenannte alte Rath, wurden nur in wichtigeren Angelegenheiten hinzugezogen.

An der Spitze des Rathes standen 4 Bürgermeister. Die übrigen 20 Rathsmitglieder bekleideten in herkömmlicher Reihenfolge bestimmte Aemter, waren also Kämmereiherren (1265), Weddeherren, Gerichtsherren, Schoßherren, Weinherren, Bauherren, je nachdem es ihre Altersfolge mit sich brachte. Auch in der Besetzung dieser Aemter trat jährlich ein Wechsel ein.

Eine Theilnahme der Stadtgemeinde oder der Bürgerschaft an den Stadtgeschäften wird gelegentlich erwähnt. Insbesondere ist der Beschluß über die Gemeinsamkeit des Rathes und des Gerichts im Jahre 1265 von den Rathsherren und der Stadtgemeinde gefaßt und eine Willkür über die Verlosung der Kaufbuden im Rathhause unter die Gewandschneider und Handwerker im Jahre 1278 von den Rathsherren und den Aeltesten der Stadt beliebt worden. Eine dauernde und geregelte Theilnahme zeigt sich aber nur in der Verwaltung der Kirchen und Hospitäler.

11. Verfassungskämpfe.

Die inneren Unruhen, bei denen es sich regelmäßig auch um eine Aenderung der Verfassung und insbesondere um einen Einfluß der Handwerker auf die Rathswahlen handelte, nahmen in Rostock schon im 13. Jahrhundert ihren Anfang.

Im Jahre 1286 wurden sechs Mitglieder des sitzenden Rathes vertrieben und andere, die wenigstens theilweise Handwerker waren, traten an ihre Stelle. Die Vertriebenen wandten sich um Hülfe an den Erzbischof von Bremen; der Rath und die Stadtgemeinde appellirten dagegen an den Papst; die Städte Lübeck, Wismar und Greifswald waren bemüht, die Zwistigkeiten auszugleichen. Erst nach mehreren Jahren aber endeten dieselben mit der Wiedereinsetzung der Vertriebenen. Herr Heinrich von Jvendorf, der sechs Handwerksämtern eine Betheiligung an der Besetzung des Rathsstuhls zugelobt, jedoch dem Rathe gegenüber dies eidlich in Abrede gestellt hatte, wurde als des Meineides überwiesen verurtheilt.

2*

Neue Stürme erregte der Krieg des Königs Erich von Dänemark und des Fürsten Heinrich von Mecklenburg gegen die Stadt. Nach der Uebergabe des Warnemünder Thurms brach am 17. September 1312 ein Aufstand aus; mehrere Mitglieder des Rathes, Willekin Bomgarden, Hinrich Nikbode, Gerhard Blöming und andere mehr wurden ermordet, acht Rathsmitglieder ergriffen die Flucht oder wurden vertrieben, und ein neuer Rath wurde eingesetzt. In Folge des Pölchower Friedensvertrages vom 7. December kam es wiederum zu Unruhen: es trat, wie es scheint, aus der Bürgerschaft, ein Sechziger-Ausschuß zusammen, der großentheils aus den Aelterleuten der Aemter bestand und im Einverständniß mit zweien der neuerwählten Rathsherren, Heinrich Runge und Werner Hövisch, dem Rathe eine Urkunde, einen Bürgerbrief, abnöthigte, der ihm einen maßgebenden Einfluß auf die Besetzung der Rathsstellen verlieh. Am 8. Januar 1314 schlossen die acht Vertriebenen zu Dassow einen Vertrag mit Fürst Heinrich ab; am 12. Januar Abends kam der Fürst vor die Stadt; am 13. Mittags hielt er seinen Einzug. Am 14. Januar wurde Gericht gehalten; die acht vertriebenen Rathsmitglieder wurden wieder hergestellt und besetzten mit dem Fürsten zusammen die erledigten Rathsstellen; Heinrich Runge, Werner Hövisch und die Mitglieder des Sechziger-Ausschusses wurden verfestet, der Bürgerbrief ward von Fürst Heinrich zerrissen und verbrannt.

Nachrichten über weitere Kämpfe während des 14. Jahrhunderts sind bisher noch nicht bekannt geworden; doch hat es schwerlich im letzten Drittel desselben ganz an solchen gefehlt, denn in den Nachbarstädten ist bald hier, bald da die Flamme des Aufstandes ausgebrochen, und bei den engen Beziehungen unserer Städte hat eine Abschließung gegen solche Ausbrüche fast unmöglich sein müssen.

Die bedeutendste Bewegung dieser Art ist zu Anfang des 15. Jahrhunderts von Lübeck ausgegangen. Unruhen, die hier seit dem Jahre 1403 vorhanden waren, führten erst zur Bildung eines Sechziger-Ausschusses (1405 Okt. 24), dann zur Einsetzung bürgerlicher Beisitzer bei den von den Rathsherren bekleideten Aemtern (1407 um Febr. 22). Durch ein weiteres Andrängen der Bürgerschaft kam es zu der Wahl von 16 Bevollmächtigten, die zur einen Hälfte aus den Sechzigern, zur andern aus der Bürgerschaft hervorgingen. Als dann diese dem Rathe sein Selbstergänzungsrecht nehmen wollten, hörte dessen Nachgiebigkeit auf (1408 Febr. 24); seine Mitglieder verließen die Stadt, und am 5. Mai 1408 ward ein neuer Rath gewählt. Nun begaben sich nach der Erzählung eines Lübischen Chronisten drei von denen, die zu Lübeck „das Unglück gebraut" hatten, Kort Semelow, Johann Plote und Bloyebom, erst nach Wismar und dann nach Rostock und wiegelten hier wie dort die Unzufriedenen zum Aufstande auf; es wurden Sechziger gewählt, die alles Regiment an sich rissen und endlich den Rath absetzten und einen neuen Rath an seine Stelle brachten. Am 14. Juli stellte der Rostocker Rath — vermuthlich noch der alte — einen Bürgerbrief aus; in Bezug auf die Rathsverfassung bestimmte derselbe nur, daß diejenigen, welche Landgüter besäßen, nicht in den Rath gewählt werden dürften. Am 20. April 1410 schlossen die drei Städte Lübeck, Rostock und Wismar auf fünf Jahre ein Bündniß zur gemeinschaftlichen Abwehr einer gewaltsamen Wiedereinführung des alten Rathes in Lübeck; am 9. August mußte in Hamburg der Rath den auch dort gewählten Sechzigern darin nachgeben, daß die Mitglieder des alten Lübecker Rathes nicht länger in der Stadt geduldet werden sollten. Der zum 10. April 1412 nach Lüneburg anberaumte Hansetag beschäftigte sich ernstlich mit dieser Angelegenheit: die Sendeboten Lübecks wurden von der Versammlung ausgeschlossen; die Abgesandten Rostocks und Wismars weigerten sich, ohne die Lübecker an den Verhandlungen theilzunehmen und ritten mit diesen davon; Hamburgs Abgeordnete erklärten, sie wären nicht ermächtigt, Beschlüsse zu fassen, sondern müßten zuvor ihrer Stadt Bericht erstatten. Da begaben sich die Bürgermeister Danzigs und Stralsunds im Auftrage des Hansetages am 5. Mai nach Hamburg und stellten Rath und Gemeinde vor die Entscheidung, ob sie ihre Rathsmitglieder bevollmächtigen oder aus der Hanse gelegt werden wollten, und die Stadt ertheilte ihren Deputirten die verlangte Vollmacht. Die Städte Rostock und Wismar hielten dagegen mit Lübeck zusammen, bis dieses in Folge der Gefangennahme seiner auf Schonen anwesenden Bürger durch König Erich von Dänemark sich am 28. Mai 1416 einer schiedsrichterlichen Entscheidung der Städte Hamburg, Rostock, Stralsund, Lüneburg, Wismar, Stettin und Greifswald unterwerfen zu wollen erklärte und am 16. Juni den alten Rath einholte und den neuen Rath und den Sechziger-Ausschuß auflöste. Nun mußten auch Rostock und Wismar sich fügen. In Rostock kam, wie es scheint, ein Vergleich zu Stande, dem zufolge der alte Rath wieder eingesetzt wurde und die 24 Mitglieder des neuen Rathes zu sich wählte. In einem Vertrage vom 25. Januar 1417 versprachen Kaufleute, Aemter und ganze Gemeinheit, den Rath bei seiner vollen Autorität zu lassen und über die 24 Bürger hinaus, „die der Rath jetzt zu sich gekoren hat", keine Neuerungen zu

machen; dagegen versprach der Rath, auch die Bürger bei
ihren Freiheiten und Gerechtigkeiten zu lassen und dessen,
was geschehen, in keiner Weise zu gedenken; von diesem
Vertrage wurden vier Exemplare, je eins für jedes Kirch=
spiel, angefertigt und es sollte derselbe den Bürgerbrief,
der für Altstadt, Mittelstadt und Neustadt in drei Exem=
plaren ausgestellt war, nirgendwie kraftlos machen. Am
7. Februar erfolgte die Auseinandersetzung der Stadt mit
den Herzögen Johann IV und Albrecht V. Die Herzöge
verlangten, daß ihnen wegen der Absetzung des Rathes
durch die Gemeinde aufs Neue gehuldigt werde, und der
Rath erklärte sich dazu bereit, wenn die Herzöge die Stadt
bei ihrem Rechte belassen wollten. Nachdem die Herzöge
dies ausgesprochen hatten, leisteten Rath und Bürgerschaft
den Huldigungseid, und die Herzöge bestätigten der Stadt
urkundlich ihre Rechte und Freiheiten (Febr. 8). Außer
der Huldigung forderten die Herzöge aber auch die Zahlung
einer Geldstrafe, und die Stadt hatte sich deshalb mit
6000 Mark mit ihnen abzufinden; am 5. März bescheinigten
die Herzöge den richtigen Empfang der ihnen von der
Stadt noch zukommenden 3000 Mark. Von König Sigis=
mund erlangten die Rostocker wegen der Gemeinschaft, die
sie mit dem von der Oberacht des Römischen Reiches be=
troffenen neuen Rath zu Lübeck gehabt hatten, erst am
24. Juli 1423 Verzeihung.

12. Stiftung der Universität.

Neunzehn Monate nach der Aussöhnung der Stadt
mit den Herzögen waren zwischem ihnen und Bischof
Heinrich von Schwerin die Vorverhandlungen über die
Stiftung einer Universität zum Abschluß gekommen.
Am 8. September 1418 richteten die Herzöge

Johann IV und Albrecht V an Papst Martin V das Gesuch, die Universität bestätigen zu wollen, die sie unter Genehmigung und Zustimmung des Bischofs von Schwerin und des Rostocker Rathes einzurichten beschlossen hätten, und unter dem gleichen Datum verwandte sich Bischof Heinrich bei dem Papst zu Gunsten der Universität, deren Einrichtung von den Herzögen von Mecklenburg unter Zustimmung und Mitwirkung des Rostocker Rathes begonnen wäre. Am 18. Februar 1419 genehmigte der Papst auf Bitten der Herzöge Johann und Albrecht, des Bischofs von Schwerin und des Rostocker Rathes die Einrichtung einer Universität in Rostock, jedoch mit Ausnahme der theologischen Fakultät und unter der Bedingung, daß für die Stiftung und Bewidmung der beabsichtigten Kollegien binnen Jahresfrist Kaution gestellt werden würde.

Diese Bedingung des Papstes zu erfüllen übernahm die Stadt Rostock. Am 29. Juli 1419 waren Rath und Bürgerschaft auf dem Rathhause zusammen; der Rath eröffnete den Bürgern, daß er mittels der Hülfe der Landes- herren von Papst Martin die Genehmigung zur Einrichtung einer Universität erhalten habe; die Bürgerschaft erklärte sich mit den darauf bezüglichen Schritten des Rathes ein- verstanden und ersuchte denselben, diese Angelegenheit so zu besorgen, wie es zum Wohle der Stadt sein würde. Am 29. September stellte darauf der Rath dem Bischof Heinrich von Schwerin als dem vom Papste bestimmten Kanzler die schriftliche Erklärung aus, daß er anstatt der Herzöge Johann und Albrecht und der Rostocker Stadt- gemeinde die Bürgschaft übernähme für die Einrichtung zweier Kollegien, des einen in der Neustadt beim Kloster zum heil. Kreuz, des andern in der Altstadt auf dem

Alten Markt bei der Petrikirche, und für eine Dotation der=
selben von 800 Gulden jährlicher Rente.

Nachdem diese Erklärung dem Bischof am 12. Octbr.
zu Bützow vorgelegt worden war, wurde am 12. November
1419 durch Bischof Heinrich, Abt Hermann von Doberan,
den Rostocker Archibiakonus Mag. Johann Meynesti, den
Pfarrer Nikolaus Turkow von St. Marien und den Bür=
germeister Heinrich Katzow die Universität feierlich eröffnet
und Mag. Petrus Stenbeck zum ersten Rektor erwählt.

Die der Universität Anfangs vorenthaltene theologische
Fakultät wurde ihr von Papst Eugen IV am 27. Januar
1432 bewilligt.

13. Krieg gegen die nordischen Reiche. .

In dem Kriege, welchen König Erich von Dänemark
und die Grafen von Holstein wegen des Herzogthums
Schleswig mit einander führten, hatten sich die Hansestädte,
— abgesehen von Hamburg, das sich der Holstenherren ange=
nommen — im Wesentlichen auf Vermittelungsversuche
beschränkt. Am 15. Juni 1423 waren jedoch Lübeck,
Rostock, Stralsund, Wismar, Lüneburg, Greifswald und
Anklam mit König Erich einen Vertrag zu gegenseitiger
Hülfe eingegangen. Als dann aber Erich, nachdem ihm
König Sigismund am 28. Juni 1424 Schleswig zuerkannt
hatte, dieses Urtheil mit Waffengewalt zu vollziehen ge=
dachte und dazu die Hülfe der verbündeten Städte in An=
spruch nahm, verweigerten diese, weil die Holstenherren
bereit waren sich ihrer Entscheidung zu unterwerfen, den
ihnen angesonnenen Zuzug, und da dann Erich seinerseits
ihr Begehren, den Holsteinern Schleswig als ihr väterliches
Erbe zu belassen, zurückwies, beschlossen die Städte am 22.
September 1426 den Krieg gegen Dänemark, verbündeten

sich am 27. September mit den Holstenherren und sandten Erich und seinen drei nordischen Reichen — die Stadt Rostock am 15. October — ihre Absagebriefe. Der dadurch eröffnete neunjährige Krieg nahm schließlich einen befriedigenden Ausgang, war jedoch in seinem Verlauf nicht besonders rühmlich und Anfangs sehr unglücklich. Schon um den 1. November herum war die städtische Flotte nördlich von Wismar bei dem Weißen Ufer zusammen, aber der Wind war den Schiffen entgegen und nach 15 Tagen wurden sie durch Sturm und Frost wieder heimwärts getrieben. Im Jahre 1427 führte die Ungeduld des Hamburgischen Hauptmanns Johann Kletze am 28. Mai zu einem verfrühten Angriffe auf das belagerte Flensburg, bei dem Herzog Heinrich von Schleswig tödtlich verwundet wurde; in der Seeschlacht im Sunde am 22. Juli, in der die Städter unter dem Oberbefehl Thidemann Steen's sich einer ihnen gewachsenen und vielleicht überlegenen dänischen Flotte gegenüber sahen, wurden die Hamburger überwältigt, die übrigen Städter zogen sich zurück und gaben damit den Dänen eine reichgeladene Handelsflotte preis, die im Vertrauen auf die hansischen Kriegsschiffe im Sunde erschien. Nun brach in den Städten wieder der Aufruhr los; überall traten Sechziger zusammen; in Lübeck ward Thidemann Steen ins Gefängnis geführt, in Hamburg wurde Johann Kletze, in Wismar Bürgermeister Johann Bantschow und Rathmann Heinrich von Haren enthauptet. Am 6. April 1428 fuhr eine hansische Flotte vor Kopenhagen; aber diesmal hielt König Erich seine Schiffe zurück und der Versuch der Städter, die Einfahrt durch Versenkung von Schiffen zu schließen, mißlang. Im Jahre 1429 unternahmen die Dänen einen Streifzug gegen Stralsund, wurden aber bei Wolgast kräftig zurückgeschlagen. Bei den

Verhandlungen zu Nykjöbing, die im Jahre 1430 stattge=
funden, trennte sich Rostock von den Verbündeten und ging
am 15. August einen Separat=Frieden mit König Erich
ein. Stralsund folgte dem gegebenen Beispiel, während
die übrigen Städte den Kampf fortsetzten, bis König Erich
sich durch den Abfall der Schweden genöthigt sah, am
15. Juli 1435 mit Herzog Adolf von Schleswig und am
17. Juli mit Lübeck, Hamburg, Lüneburg und Wismar
Frieden zu schließen.

14. Der Aufstand von 1427.

In den meisten norddeutschen Städten hat sich früh
ein Kreis von Familien gebildet, die durch Reichthum,
insbesondere an Grundbesitz in der Stadt und auf dem
Lande, und durch Ansehen hervorragen, geschäftlich und
gesellschaftlich zusammenhalten und sich unter einander
verschwägern. Nach und nach schließen diese Familien, die
Geschlechter, sich nach außen hin fester ab und betrachten
sich als die allein rathsfähigen. Mit der Macht und dem
Einfluß der Geschlechter wächst aber auch die Unzufrieden=
heit der übrigen Bürgerschaft; Ausschreitungen und Ueber=
griffe einzelner rufen Mißtrauen und Erbitterung hervor;
unreine Elemente mischen sich ein und erlangen manchmal
das Uebergewicht. Jede Schwierigkeit in der Finanzwirth=
schaft, jedes Kriegsunglück ist für den Rath, der aus Mit=
gliedern der Geschlechter besteht und sich aus ihnen er=
gänzt, mit der Gefahr eines Verfassungskampfes, des Vor=
wurfs von Unterschleif oder Verrath verbunden. Der
Ausgang dieser inneren Kämpfe aber ist regelmäßig ein
Erlahmen der städtischen Kraft zu Gunsten des landesherr=
lichen Einflusses.

Auf der Grundlage des Bürgerbriefes von 1408

fertigten die Sechziger einen neuen, erweiterten Bürger=
brief an, der die Geschlechter völlig vom Rathe ausschließen,
ihrem eigenen Kollegium den Bestand sichern und die Ab=
gaben der Bürger beschränken und feststellen wollte. Die
allgemeine Abgabe der Bürger war das Schoß; jeder
Schoßpflichtige hatte zunächst einen festen Betrag, das
Vorschoß, und sodann einen nach Maßgabe der Bedürfnisse
jährlich bestimmten Theil seines Einkommens zu bezahlen;
das Vorschoß betrug 8 Schilling, das Schoß sollte 7 Pfennige
von der Mark (2,6 Prozent) nicht übersteigen. Der
Sechziger=Ausschuß sollte aus 30 Vertretern der Kauf=
mannschaft und 30 Vertretern der Aemter bestehen. In
den Rath sollten keine Beschlechteten gewählt werden; auch
sollten Schwager und Schwager — wie vorher schon
Vater und Sohn, Bruder und Bruder — nicht in ihm
zusammensitzen.

Als die Sechziger die Besiegelung dieses Vertrages
verlangten, ergriffen — dem Berichte eines Lübischen
Chronisten zufolge — die vier Bürgermeister die Flucht:
zuerst Heinrich Katzow, am folgenden Tage Heinrich Buck
und Friedrich von Zehna, am dritten Johann Otbrecht;
nach einer kurzen Rostocker Notiz verließ der Rath die
Stadt am 16. October 1427. Nun wurde, vermuthlich
am 22. Februar 1428, ein neuer Rath erwählt, der unter
dem gleichen Datum den Bürgerbrief besiegelte. Der alte
Rath wandte sich hülfesuchend an die Herzogin Katharina
von Mecklenburg, die Wittwe Johanns IV, die für ihre
minderjährigen Söhne die Regierung führte. Im Jahre
1430 erschien die Herzogin mit Heeresmacht vor der Stadt.
Die Nachricht von solcher Gefahr hatte die Rostocker Raths=
sendeboten zum Frieden mit König Erich bewogen; die
Stadt aber, gewarnt durch Fürst Wilhelm von Wenden, war

zum Widerstande gerüstet, und die Herzoglichen zogen deshalb wieder ab und beschränkten sich darauf, die Warnow
zu versenken und Warnemünde niederzubrennen. Am
14. October erkannte die Herzogin den neuen Rath an und
versprach, die Mitglieder des alten Raths nicht zu geleiten,
noch zu herbergen. Am 21. October befahl König Sigismund dem Herzog Kasimir von Pommern-Stettin, die
Stadt Rostock in seinen Schutz zu nehmen und ihre Klage
über die ihr zugefügten Gewaltthätigkeiten zu untersuchen.
Am 12. December verkündigte der Herzog dieses Mandat
und wies insbesondere die Städte Lübeck, Hamburg, Lüneburg, Wismar und Stralsund nebst den entwichenen Rathsmitgliedern an, sich aller Feindseligkeiten zu enthalten, bis
der König sein Urtheil habe ergehen lassen.

Dann aber erfolgte der Umschwung. Auf die Klage
des alten Rathes gegen die Stadt hatte König Sigismund
die Städte Stralsund und Wismar zu Kommissarien ernannt; als die Stadt nicht parirte, weil der König bereits
Herzog Kasimir in dieser Sache beauftragt hätte, ward
dieser Einwand von dem Könige als unbegründet zurückgewiesen und die Stadt am 23. März 1431 in die Acht
gethan. Am 12. Mai 1432 folgte die Oberacht nach.
Auch die Kirchenversammlung zu Basel schritt auf Anhalten
des alten Rathes gegen Rostock ein; Abt Balduin von
St. Michaelis zu Lüneburg, den sie mit der Untersuchung
beauftragt hatte, erkannte auf Wiedereinführung des alten
Rathes; die Stadt appellirte an den Papst, aber die
Kirchenversammlung verwarf die Appellation und sprach
den Bann über die Stadt aus. Auch Papst Eugen IV
entschied zu deren Ungunsten. Neben der Klage des alten
Rathes lief noch eine weitere Klage her, welche von Joachim
und Heinrich Witte wegen der Vertreibung ihres ver-

storbenen Vaters, des Bürgermeisters Heinrich Witte, beim
kaiserlichen Hofgericht erhoben wurde und ebenfalls die
Verhängung von Acht (1431 Oct. 15) und Oberacht
(1434 Juni 18) zur Folge hatte. Nun drangen die Ge=
brüder Witte darauf, daß alles Rostocker Bürgern gehörige
Kaufmannsgut mit Beschlag belegt werde, und die Hanse=
städte, deren Vermittelungsversuche Rostock zurückgewiesen
hatte, bemühten sich, auch König Erich zur Befolgung der
päpstlichen und kaiserlichen Mandate zu bewegen. Erst die
Absetzung Erichs aber zwang auch Rostock sich zu beugen.
Am 24. Juni 1439 sagte der dänische Reichsrath Erich
von Pommern Treue und Gehorsam auf; am 26. Juni
schloß er mit Lübeck, Hamburg, Wismar und Lüneburg
einen Vertrag, durch welchen er sich verpflichtete, vom
10. August ab zufolge der Mandate des Papstes, des
Baseler Konzils und des Kaisers mit Arrest gegen die
Rostocker vorzugehen. Am 29. September kam unter Ver=
mittelung der Herzöge Heinrich IV und Johann V von
Schwerin und der Rathssendeboten der Städte Lübeck,
Hamburg, Stralsund, Wismar und Lüneburg zwischen
dem alten Rath und der Stadtgemeinde eine Aussöhnung
zu Stande, nach welcher der alte Rath wieder aufgenommen
wurde und mit den Mitgliedern des neuen Rathes zu=
sammen den Rathsstuhl einnahm. Auf die Benach=
richtigung von dieser Aussöhnung hin beauftragte das
Baseler Konzil am 27. November den Bischof von Schwerin
mit der Befreiung der Stadt vom Kirchenbann, und
Bischof Heinrich entledigte sich dieses Auftrages am
3. Januar 1440.

Länger verzog sich die Entlassung Rostocks aus der
Acht und Oberacht. Die Vertriebenen hatten — leider
wissen wir nicht wann — den Herzögen für ihre Wieder=

einführung eine Summe von 5000 Mark Lübisch ver=
sprochen und zum Theil auch vorausbezahlt. Am 22. Juni
1441 versöhnte sich Herzog Heinrich der Aeltere von
Stargard mit der Stadt, trat von dem Versprechen, die
kaiserlichen Achtbriefe ausführen zu helfen, zurück und ver=
zichtete auf alle aus dem Briefe des alten Rathes abzu=
leitenden Ansprüche. Die Herzöge Heinrich und Johann
von Schwerin waren — wie es scheint — zu einer solchen
Verzichtleistung nicht gewillt. Am 25. Juni 1442 erlangte
Herzog Heinrich IV von König Friedrich in Vergeltung
der ihm bei seiner Krönung geleisteten guten Dienste die
Vollmacht, die Stadt Rostock der Acht und Oberacht zu
entlassen und den dafür von ihr zu zahlenden Achtschatz
für sich zu erheben. Das rief in Rostock neue Erbitterung
hervor. Am 13. September mußten die weiland Ver=
triebenen die Verpflichtung eingehen, die Stadt wegen der
Schulden schadlos zu halten, die von ihnen zur Bezahlung
der 5000 Mark Lübisch an die Herzöge bei den Städten
Stralsund, Lüneburg und Hamburg gemacht, bei der Aus=
söhnung jedoch von der Stadt übernommen oder doch ge=
währleistet worden waren. In Folge der Verweigerung
des Achtschatzes aber erließ König Friedrich am 19. Januar
1443 den Befehl, die Rostocker, welche trotz der Acht und
Oberacht in ihrem Ungehorsam verblieben, allenthalben
festzunehmen. Im November kam es unter Mitwirkung
der Städte Lübeck, Hamburg, Lüneburg, Wismar und
Stralsund zu neuen Verhandlungen; Herzog Heinrich,
dessen Bruder Johann inzwischen verstorben war, verlangte
die Zahlung von 6000 Rheinischen Gulden, ließ sich aber
endlich mit der Hälfte dieser Summe abfinden. Am
11. December 1443 stellte die Stadt dem Herzog einen
Schuldbrief über 3000 Gulden aus, wurde dafür aus der

Acht und Oberacht entlassen und erhielt nach geleisteter Huldigung die Bestätigung ihrer Privilegien. Für die erste Hälfte quittirte Herzog Heinrich am 13. November 1444, die andere Hälfte übertrug er am 21. Januar 1445 an Hans und Hartwig von Bülow. Die Gebrüder Witte, deren Abfindung Herzog Heinrich zur Bedingung gemacht hatte, leisteten auf ihre Klage für eine Summe von 2000 Mark Sundisch Verzicht und händigten nach Empfang derselben am 22. Juni 1445 der Stadt die erlangten Acht- und Oberachtbriefe aus. Eine letzte Vergleichshandlung wurde am 12. August 1454 vollzogen: die Stadt übernahm es, von den Schulden, welche die ehemals Vertriebenen während ihrer Abwesenheit von Rostock gemacht hatten, 2500 Mark an die Domherren von Lübeck und an Bischof Nikolaus von Schwerin zu bezahlen; alle übrigen Schulden dagegen mußten von ihnen selbst gedeckt werden.

15. Auszug und Rückkehr der Universität.

Die Universität scheint der Aufstand von 1427 Anfangs nur wenig berührt zu haben. In dem Kriegsjahre 1430 stellte Fürst Wilhelm von Wenden am 21. August einen Geleitsbrief aus für die Professoren und Studenten, welche auf ihren Reisen von Rostock oder nach Rostock durch sein Land ziehen würden. Am 27. Januar 1432, als die Stadt bereits in der Reichsacht war, bewilligte Papst Eugen IV der Universität die ihr bisher vorenthaltene theologische Fakultät. Bei der Verhängung des Kirchenbannes schloß sich dieselbe der Appellation der Stadt an den Papst an. Die Verwerfung dieser Appellation durch die Baseler Kirchenversammlung rief eine Aenderung im Verhalten der Universität hervor; sie gelobte, dem Urtheil zu gehorsamen, suchte um die Erlaubniß nach, anderswohin ausziehen zu dürfen und siedelte, nachdem ihr das Konzil diese Erlaubniß am 28. September 1436 ertheilt hatte, im Jahre 1437, vermuthlich zu Ostern (März 31), nach Greifswald über.

In Greifswald ging Alles in der bisherigen Weise weiter, nur daß die Professoren ihres Gehalts entbehren mußten, das die Rostocker Stadtkasse natürlich nicht ihnen nach Greifswald nachzuschicken Willens war. Als nun am 29. September 1439 der Friede zwischen der Stadt und den Ausgewiesenen zu Stande gekommen war, gedachte die Universität in die alten Verhältnisse zurückkehren zu können; die Stadt aber, erbittert über ihren Auszug, schlug ihr die Wiederaufnahme ab. Dadurch sah sich die Universität in ihrer Existenz gefährdet; seit dem 3. August war keine Immatrikulation vorgenommen worden, und mit dem 9. October hörten alle Amtshandlungen auf. Das dauerte bis zum Jahre 1443. Die wendischen Städte verwandten sich am 18. März 1442 bei Rostock für die Wiederaufnahme; Erzbischof Gerhard von Bremen ersuchte sie am 26. März um ihre Vermittelung; am 24. Mai wurde von ihren Sendeboten zu Stralsund und hernach auf ihrer Heimreise zu Rostock selbst über eine Aussöhnung verhandelt. Erst am 17. März 1443 aber kam unter Mitwirkung der Domkapitel von Lübeck und Hamburg und der Städte Lübeck, Hamburg und Wismar ein Vergleich zu Stande, dem zufolge die Universität zwar wieder in Rostock aufgenommen werden sollte, dagegen aber für eine Dauer von 200 Jahren auf die am 29. September 1419 von der Stadt übernommene Gewährleistung einer Einnahme von 800 Gulden Verzicht leisten mußte. Nachdem dann am 11. December die Stadt aus der Acht und Oberacht gelöst worden war, schloß sie am 20. Januar 1444 mit der Universität einen Ergänzungsvertrag, durch welchen sie derselben verschiedene Renten zu einem Gesammtbetrage von 184 Mark zuwies, die seit der Gründung der Universität von mehreren Privatpersonen gestiftet worden waren, um der Stadt die Zahlung jener 800 Gulden zu erleichtern; dabei wurde jedoch die Bedingung festgehalten, daß diese Renten der Universität nur während ihres Aufenthaltes in Rostock ausgekehrt werden, während ihrer Abwesenheit aber der Stadtkasse verfallen sein sollten.

Gleich nach Abschluß des Vertrages von 1443 zog die Universität zu Ostern (April 21) wieder in Rostock ein. Ein Theil der Professoren aber verweigerte die Rückkehr unter solchen Bedingungen und blieb in Greifswald, wo 13 Jahre später (1456) eine eigene Universität gegründet werden sollte.

Zweites Buch. Die Domfehde.

16. Neue Privilegien und Anfang der Streitigkeiten.

Unter der langjährigen Regierung Herzog Heinrich IV (1422—1477) wurde die ganze Herrschaft Mecklenburg wieder vereinigt. Zunächst erlosch mit dem am 7. September 1436 verstorbenen Herzog Wilhelm von Wenden die seit 1235 bestehende Linie Werle; dann starb mit Herzog Ulrich II am 13. Juni 1471 das Haus Mecklenburg-Stargard aus, das seit 1329 neben dem Hause Mecklenburg-Schwerin geblüht hatte. Die dadurch erlangte Verstärkung der landesherrlichen Macht ging aber durch das Prinzip der gemeinschaftlichen Erbfolge der männlichen Nachkommen wenigstens theilweise wieder verloren.

In den letzten zwanzig Jahren Herzog Heinrichs verstärkte sich auch die obrigkeitliche Macht des Rostocker Rathes nach drei Richtungen hin.

Zunächst wurde wegen der vielen Räubereien, welche in der Ribnitzer Heide vorkamen, den Rostockern am 4. April 1459 von Herzog Heinrich gestattet, die Uebelthäter auch auf herzoglichem Grund und Boden zu ergreifen, sie gefangen zu halten und über sie zu richten.

Sodann bestätigte Herzog Heinrich am 24. Mai 1462 der Stadt, ihren Gotteshäusern und namentlich den Hospitalien zum heil. Geist und St. Georg, sowie auch allen ihren Bürgern und Einwohnern die von ihnen erworbenen Besitzungen, insbesondere mit dem Recht, ihretwegen nicht außerhalb Rostocks zu Recht gefordert werden zu können.

3*

Endlich erlangte der Rath durch eine Vereinbarung vom 14. October 1471 das ausschließliche Verhaftungs= recht für die Nachtzeit. Mit der Gerichtsgewalt des Rathes konkurrirten nämlich diejenige des Bischofs von Schwerin für die Geistlichkeit und diejenige des Rektors für die Angehörigen der Universität, und noch am 20. Mai 1468 hatte Bischof Werner von Schwerin als Kanzler der Universität derselben die Befugniß verliehen, daß ihr Rektor gegen die Universitätsangehörigen die ihr verliehene Gerichtsbarkeit ausüben und sie Tag und Nacht gefangen halten dürfte. Am 14. Oktober 1471 vereinbarten aber Bischof Werner, der Rostocker Archidiakonus Heinrich Benzin, der Rektor Dr. Albert Goyer und der Rath, daß Studenten, Geistliche und Laien, welche zur Nachtzeit Unfug auf den Straßen treiben würden, von den städtischen Wächtern ergriffen, in ein gemeinschaftlich einzurichtendes Gefängnißlokal unter dem Rathhause gebracht und von einem gemeinsam angestellten Wärter eingeschlossen werden sollten, bis jeder seinem gebührlichen Richter würde über= antwortet werden können.

Daran schloß sich noch unmittelbar nach Herzog Hein= richs Tode ein Privileg vom 11. December 1477, in wel= chem Herzog Balthasar, Administrator des Bisthums Schwerin, dem Rathe gestattete, diejenigen Uebelthäter, deren Verbrechen nicht mit ewigem Gefängniß oder mit Todesstrafe zu ahnden sein würde, in Kirchen, Klöstern und an sonstigen mit dem Asylrecht bewidmeten Stätten durch seine Diener ergreifen und zur Ueberantwortung an die gebührlichen Richter in jenes gemeinsame Gefängniß= lokal bringen zu lassen.

Neben diesen Privilegien gingen aber bereits Verträge

her, durch welche sich die Stadt mit den Herzögen über
verschiedenartige Streitpunkte auseinanderzusetzen hatte.

Ein vorübergehender Zwist bestand im Jahre 1466
zwischen der Stadt und den beiden ältesten Söhnen Herzog
Heinrichs. Der Rath hatte durch seine Diener den Bauern
des Dorfes Niendorf ihre Pferde und sonstige Habe weg=
nehmen lassen; die Herzöge Albrecht und Johann beschwerten
sich darüber in einem Schreiben, das sie an die Handwerks=
ämter und die ganze Gemeinde der Stadt Rostock richteten
und in dem sie dieselben ersuchten, den Rath zu unter=
weisen, daß er das Weggenommene zurückgäbe und den
Herzögen wegen der verübten Gewalt Abtrag thäte. Schon
am 9. October entsagten aber die beiden Herzöge allem Un=
willen, den sie gegen die Stadt haben möchten.

Wichtiger war ein Streit, der zwischen der Stadt
und den Herzögen im Jahre 1475 entstand. Am 16. August
1471 war den Herzögen von Kaiser Friedrich erlaubt
worden, an zwei Orten ihres Landes, zu Ribnitz und zu
Grevismühlen, einen neuen Zoll zu erheben; am 23. April
1475 bewilligte der Kaiser, weil die Kaufleute, um dem
Zoll zu entgehen, jene Orte vermieden und ihre Waaren
zu Wasser einführten, daß der gleiche Zoll auch zwischen
Wismar und Pöl und zwischen Rostock und Warnemünde
erhoben werden dürfte. Wie Lübeck bereits im Jahre
1471 seiner Zollfreiheit wegen an den Kaiser appellirt
hatte, so legten nun am 30. Juli 1475 auch Rostock und
Wismar gegen die Einführung der Wasserzölle Appellation
ein und verbanden sich zu gegenseitiger Hülfe bei deren
Abwehr. Durch die Zahlung von 200 Gulden an Herzog
Magnus gelang es ihnen, die nächste Gefahr abzuwenden;
am 23. April 1476 leistete Herzog Heinrich mit seinen
Söhnen Albrecht, Magnus und Balthasar, weil er sich

überzeugt habe, daß das kaiserliche Privileg bezüglich der Wasserzölle den Rechten und Freiheiten seiner Städte Rostock und Wismar zuwiderlaufe, auf den Gebrauch desselben Verzicht und überantwortete es den beiden dadurch bedrohten Städten. Länger dauerten die Verhandlungen wegen der Landzölle; am 5. Juni 1477 begehrte Rostock von den übrigen wendischen Städten eine Erklärung darüber, ob dieselben zur Hülfsleistung bereit wären, wenn es durch seine Bemühungen um die Abschaffung der Zölle mit seinen Landesherren in Fehde gerathen würde; am 4. Mai 1478 erlangte Lübeck durch einseitigen Abschluß mit den Herzögen Albrecht, Magnus und Balthasar die Befreiung von den Landzöllen zu Grevismühlen und Ribnitz für ewige Zeiten.

Inzwischen war am 9. März 1477 Herzog Heinrich IV gestorben. Von den drei nachgelassenen Söhnen — Johann war 1474 dem Vater im Tode vorangegangen — war der jüngste, Balthasar, Administrator des Bisthums Schwerin seit 1474; die beiden älteren, Albrecht VI und Magnus II, einigten sich am 7. April 1477 zu gemeinschaftlicher Regierung und Hofhaltung auf zwei Jahre; 1479 aber resignirte Herzog Balthasar und trat in den weltlichen Stand zurück, und am 13. Januar 1480 theilten sich die Brüder dergestalt in die Herrschaft, daß Albrecht das Land Wenden für sich allein, Magnus und Balthasar dagegen das Land Mecklenburg zu gesammter Hand erhielten.

Die Stadt Rostock hatte am 11. Juli 1477 nach geleisteter Huldigung eine Bestätigung ihrer Privilegien empfangen. Die Huldigung, welche damals zuerst bei einem gewöhnlichen Regierungswechsel erfolgte und als Erbhuldigung bezeichnet wurde, war allen drei Brüdern geleistet worden, sollte aber nur für diejenigen Herzöge gelten, welche bei einer späteren Landestheilung das Land Mecklenburg erhalten würden.

Zu der schon bestehenden Streitigkeit wegen der Land=zölle kam 1480 eine neue, wegen der Bede, hinzu. Die Herzöge hatten von den Ständen eine außerordentliche Landhülfe verlangt und bewilligt erhalten; nun stellten sie die Forderung zur Zahlung derselben auch an Rostock und Wismar. Rostock, das von den Herzögen Albrecht und Magnus am 27. October aufgefordert wurde, die ver=sprochene Bede zum 11. November nach Schwerin einzu=senden, berief sich darauf, daß es zu keiner weiteren Geldleistung als zur Zahlung der Orbör verpflichtet wäre; Wismar, wo Herzog Magnus am 4. September mündlich darum warb, scheint sich gefügt zu haben. Am 16. Sep=tember 1481 begehrte Rostock, daß die wendischen Städte zwischen ihm und seinen Landesherren die Vermittelung übernehmen sollten; Wismar antwortete zuerst ausweichend, erklärte sich aber am 26. September bereit dazu; die Herzöge wollten jedoch von einer solchen Vermittelung nichts wissen. In einer Verhandlung, die am 17. April 1482 zu Bützow stattfand, erbot sich Rostock zu einer ein=maligen Zahlung von 7400 Mark Sundisch; die Herzöge wollten darauf nicht eingehen; nun schien der Kampf unver=meiblich. Am 18. April gingen Rostock und Wismar auf 20 Jahre ein Bündniß ein zur Aufrechterhaltung der freien Land= und Wasserstraßen, zur Abwehr des Strand=rechts und zu gemeinsamer Vertheidigung ihrer Privilegien; am 23. April bat Rostock auf dem Tage zu Lübeck die wendischen Städte im Falle eines Krieges um Hülfe. Dennoch ist es noch einmal gelungen den Streit beizulegen: am 15. August kam unter Vermittelung der Stände und der wendischen Städte zu Wismar ein Vertrag zu Stande; Rostock löste den Herzögen die von ihnen verpfändete Orbör ein und zahlte ihnen als Geschenk 1000 Gulden Rheinisch baar aus; dafür erkannten die Herzöge die Bedefreiheit Rostocks für das Stadtgebiet innerhalb der Zingeln an, befreiten es von den Zöllen zu Grevismühlen und zu Ribnitz und bestätigten seine Privilegien und Freiheiten, insbesondere bezüglich der Jagd. „Die Stadt," sagt ein Lübischer Chronist, „machte sich Hoffnung, daß das Spiel hiermit zu Ende wäre, aber es fing damals erst an".

17. Der geistliche Prozeß wegen des Domstiftes.

Durch den Vertrag vom 17. März 1443 waren die Mittel der Universität arg beschränkt worden. Das erklärliche Verlangen nach einer Vermehrung derselben führte zu dem Gedanken, in ähnlicher Weise, wie dies in Greifswald und vorher in Heidelberg geschehen war, eine der städtischen Pfarrkirchen zu einer Kollegiatkirche oder einem Domstift zu erheben und die Einkünfte der an ihr zu stiftenden Domherrenstellen oder Präbenden für die Universität nutzbar zu machen. Dr. Heinrich Bentzin, Pfarrer zu St. Jacobi, Rostockischer Archidiaconus und Vicekanzler der Universität, hatte diesen Gedanken schon Herzog Heinrich dem Fetten vorgetragen; Herzog Albrecht war dagegen gewesen, soll aber auf seinem Todtbette anderer Meinung geworden sein und seinen Brüdern, den Herzögen Magnus und Balthasar, die Stiftung eines Domes zu seinem Seelenheile zur Pflicht gemacht haben.

Als Herzog Albrecht am 16. Februar 1483 gestorben war, kamen am 28. Mai die Herzöge Magnus und Balthasar nach Rostock, um mit dem Rath über eine solche Stiftung zu verhandeln. Der Rath erwiderte, er müsse sich darüber erst mit der Gemeinde berathen, und erklärte sodann, die Gemeinde wäre nicht Willens, darauf einzugehen. Die Herzöge gaben darauf der Stadt Bedenkzeit; am 8. September brachte ihnen aber der Rath=mann Johann Wilcken die definitive Ablehnung ihres An=liegens nach Güstrow.

Nun begann der geistliche Prozeß gegen die Stadt. Auf Ansuchen der Herzöge erließ Bischof Konrad Lost von Schwerin an die Rostocker das Mandat, die Errichtung eines Domstiftes nicht länger zu verhindern oder ihre Weigerung vor ihm zu begründen. Die Stadt legte da=gegen Appellation an Erzbischof Heinrich von Bremen ein; Bischof Konrad aber verurtheilte sie dem Anhalten der Herzöge gemäß in contumaciam. Nach einer neuen Appellation der Rostocker ernannte Erzbischof Heinrich einen seiner Domherren, den Dr. Johann Barum, zum Kom=missar. Dagegen appellirten wieder die Herzöge an Papst Sixtus IV, und Bischof Konrad that am 9. Mai 1484 zu Bützow die Rostocker in den Bann und bedrohte sie mit der Anrufung des weltlichen Armes. Die Rostocker appellirten zum dritten Male an den Erzbischof und pro=vocirten von der Bedrohung mit dem weltlichen Arm eben=falls an den Papst. Zur Aufrechthaltung ihrer Appellation verbanden sie sich am 1. Juni mit der Universität und mit der Klerisei der vier Pfarrkirchen und verpflichteten sich, dieselben für alle Folgen dieser Verbindung schadlos zu halten.

Noch im Jahre 1483 war ein neuer Zwiespalt zwischen der Stadt und den Herzögen entstanden. Ein von den Herzögen gefangen gehaltener Straßenräuber, Wen=gelin, war aus dem Thurm in Schwan entflohen und durch den Rostocker Bürger Paul Grawetop heimlich durch Rostock geführt und auf deſſen Pachthof, dem Paulshof oder Grawetopshof (Gragetopshof), ohne Vorwiſſen der Stadt beherbergt worden. Um den 19. November hatten die Herzöge Gewaffnete gegen Grawetopshof aus= geſchickt; die Roſtocker waren ihnen entgegengezogen; zu nachtſchlafender Zeit war es zu einem Scharmützel ge= kommen, in welchem beide Theile Verluſte erlitten hatten; auf Seiten der Herzoglichen war ein Abliger, Henning Thun, gefallen.

Hierzu kamen mancherlei andere Streitigkeiten, ins= beſondere wegen der Landgüter Roſtockiſcher Bürger, welche von den Vorfahren der Herzöge zu Eigenthum verkauft worden waren und nunmehr von ihnen als Lehngüter in Anſpruch genommen und nach dem Ausſterben der be= treffenden Familien im Mannsſtamme eingezogen wurden.

Von Roſtock zur Vermittelung angerufen, richteten die wendiſchen Städte am 20. Januar 1484 an die Her= zöge das Geſuch, die Stadt wegen des Domſtiftes, wegen der Landgüter Roſtockiſcher Bürger und wegen der ſonſtigen Streitpunkte nicht im Beſitz ihrer alten Privilegien zu ſtören. Am 16. Februar kamen fünf herzogliche Räthe nach Lübeck, um dem dortigen Rath die Urſachen der ob= waltenden Streitigkeiten auseinanderzuſetzen. Die Städte erboten ſich darauf, nachdem Roſtock ſich ihrer Entſcheidung unterworfen hatte, am 15. März auch den Herzögen gegen= über zum Schiedsrichteramt; die Herzöge erwiderten aber am 22. April, die Streitigkeit wegen des Domſtiftes wäre bereits bei den geiſtlichen Gerichten anhängig und wegen der Angelegenheit Grawetops hätte Roſtock ihnen gebühren= den Ortes zu Recht zu ſtehen. Ein abermaliges Schreiben der Städte und die gleichzeitige Bemühung der mecklen= burgiſchen Stände bewogen die Herzöge, in eine gemein=

same Tagfahrt zum 1. August nach Wismar zu willigen;
aber der Tag verlief fruchtlos, da die Herzöge auf ihrer
Weigerung, die Städte als Schiedsrichter anzuerkennen,
beharrten. Durch die wiederholten Bemühungen der Städte
Wismar und Stralsund kam jedoch zu Kröpelin eine Vereinbarung zu Stande, nach welcher alle Streitigkeiten bis
zum 11. November ruhen und am 29. September ein
neuer Tag stattfinden sollte. Auf dem Ribnitzer Tage
ward ein weiterer Stillstand vereinbart, für die Streitigkeit wegen des Domstiftes bis zum 29. September 1485,
für die übrigen Streitpunkte bis zum 1. Mai; am 5. Oktober 1484 wollte man zu Doberan wiederum zusammen-
kommen, um mit Hülfe des Bischofs von Schwerin, der
Doctoren der Universität und anderer Prälaten Mittel
und Wege zu suchen, die Rostocker Klerisei, ohne den
Rechten der Herzöge oder der Stadt Etwas zu vergeben,
von dem Kirchenbann zu befreien. Da nun aber in der
Zwischenzeit die schon vorher von Rostock beim Papste
nachgesuchte Absolution eintraf, so hielten die Herzöge
solches Nachsuchen für einen Bruch der Kröpeliner Abmachungen und verlangten, daß die Stadt sich einem
schiedsrichterlichen Ausspruche heimischer oder auswärtiger
Prälaten unterwerfen sollte. Als die Stadt diese Forderung am 13. October ablehnte, erklärten die Herzöge, auch
ihrerseits nicht mehr an die Vereinbarung von Ribnitz gebunden sein zu wollen.

Den Bemühungen der Herzöge gelang es, von Papst
Innocenz VIII, der dem am 12. August 1484 gestorbenen
Sixtus IV gefolgt war, am 27. November eine Bulle zu
erhalten, in welcher er, trotz der Litispendenz, die Jacobi-
kirche zum Domstift erhob und den Bischof Johann von
Ratzeburg, den Dompropst zu Schwerin und den Dom-

dechanten zu Kamin mit der Ausführung beauftragte. Am 13. März 1485 wurde diese Bulle durch den Ratzeburger Bischof zu Marieneh publicirt; am 21. März legte die Stadt Appellation dagegen ein. Nachdem dann der Bischof am 1. Juni den Befehl hatte ergehen lassen, bei weiterem Ungehorsam das Interdict über Rostock zu verhängen, ließ die Stadt am 26., beziehentlich am 28. October zu Wismar und zu Rostock ein päpstliches Inhibitorium an die Kirchthüren schlagen und appellirte, als Bischof Johann etwa am 8. November in der gleichen Weise mit seiner Interdictsverhängung vorgegangen war, am 17. November von Neuem an den Papst.

Inzwischen war unter den streitenden Parteien ein neuer, heftiger Kampf ausgebrochen. Schon seit dem Jahre 1482 hatten die wendischen Städte sich über die Herzöge von Mecklenburg wegen Verletzung eines ihrer ältesten und wichtigsten Privilegien, der Freiheit vom Strandrecht, zu beschweren gehabt. Im Spätjahr 1484 war der Rostockische Schiffer Paul Lange auf der Rückkehr von Bergen bei Bukow gestrandet, und die herzoglichen Vögte zu Bukow und zu Schwan hatten sich des Gutes bemächtigt und dasselbe — nach dem Berichte eines zeitgenössischen Lübeckers — in 150 Wagen nach Schwerin geschickt. Am 12. Januar 1485 wurde zu Lübeck beschlossen, daß gegen die Vögte, die solches jetzt gethan hätten und in Zukunft thun würden, die zunächst gelegene Stadt einschreiten, sich ihrer bemächtigen und sie nach Recht richten lassen sollte; Alles, was daraus für sie entstehen möchte, sollte von den Städten gemeinsam getragen werden. Daraufhin ergriffen die Rostocker den Schwaner Vogt Gerhard Frese in Kröpelin, brachten ihn nach Rostock und ließen ihn am nächsten Tage enthaupten; der Bukower

Vogt Oldeschwager flüchtete sich, um einem gleichen Schick-
sal zu entgehen, unter starkem Geleit des Herzogs Magnus
nach Schwerin. Wie berichtet wird, forderten am 4. Februar die Herzöge ihre Ritterschaft zum Kriege gegen die
wendischen Städte auf; die Ritterschaft lehnte aber einen
solchen Krieg ab, weil jede dieser Städte bereit wäre, ein
etwa begangenes Unrecht nach der Entscheidung ihrer Mit-
städte zu bessern. Nun machten die Herzöge den Versuch,
die übrigen Städte von Rostock abzuziehen; diese weigerten
sich jedoch (am 20. April), ohne Rostock des weggenommenen Strandgutes wegen mit ihnen zu verhandeln und
zeigten sich entschlossen, der Stadt bei einem etwaigen Angriffe mit bewaffneter Hand Hülfe zu leisten. Unter solchen
Umständen waren die Herzöge nicht abgeneigt, das Anerbieten des Markgrafen Johann Cicero von Brandenburg
zu gütlicher Vermittelung anzunehmen, und die Stadt
Rostock unterwarf sich auf das Zureden der übrigen wendischen Städte hin ebenfalls dessen Entscheidung. Wegen
der damals in Meklenburg herrschenden Pest kamen jedoch
die von diesem Fürsten anberaumten Tagfahrten vorläufig
nicht zu Stande.

18. Das Gehorsamungsversprechen des Rathes.

Zu Anfang des Jahres 1486 begab sich Herzog
Magnus, von Bischof Johann von Ratzeburg begleitet,
mit 100 Pferden nach Rom, um hier die Domstift-Ange-
legenheit persönlich zu betreiben. In der That erreichte
er, daß Papst Innocenz am 31. März unter Bestätigung
des Domstiftes den Rostockern ein ewiges Stillschweigen
auferlegte. In einem aus Rom vom 3. April datirten
Schreiben verkündete Bischof Johann von Ratzeburg die

päpstliche Bulle und rief eventuell die Hülfe des weltlichen Armes gegen die Rostocker an.

Nach seiner Rückkehr stellte Herzog Magnus der Stadt eine Frist bis zum 15. Juni; auf den Wunsch Lübecks hin wurde freilich dieser Termin bis zum 4. Juli ver= längert, damit inzwischen die wendischen Städte versuchen könnten, die widerstrebende Gemeinde zur Nachgiebigkeit zu bewegen; die deshalb am 1. Juli in Rostock gehaltene Versammlung ging aber erfolglos vorüber.

Die nun folgenden Vorgänge sind schwer zu verstehen. Wie es scheint, war gleich der Gemeinde auch ein Theil des Rathes selbst jetzt noch für den Widerstand; der größere Theil desselben sah ein, daß man vorläufig nach= geben müßte, glaubte aber mit Unrecht das Versprechen der Gehorsamung auch für die Stadtgemeinde, ohne deren Vorwissen und wider ihren Willen, abgeben zu dürfen, indem er sich der Hoffnung hingeben mochte, daß entweder die wirkliche Einrichtung des Domstiftes doch noch verhin= dert werden könnte, oder daß in das Unabwendbare auch die Gemeinde sich zu finden wissen würde. Nachdem der Rath die päpstliche Bulle, welche ihm die Herzöge am 9. Juli von Schwerin aus mitgetheilt, am 13. Juli er= halten und ihrem wörtlichen Inhalte nach kennen gelernt hatte, ließ er am 15. Juli durch Bürgermeister Vicko von Herverde die Erklärung abgeben, er verspreche für sich und die gesammte Einwohnerschaft, den päpstlichen Befehlen gehorsamen zu wollen. Am 18. Juli wurde diese Er= klärung dem Bischof Johann von Ratzeburg überreicht. Am 22. Juli aber sandte der Rath den Herzögen ein scharfes Schreiben, in welchem er sie von der Abgabe dieser Erklärung in Kenntniß setzte, alle Punkte aufzählte, in denen die Stadt wider ihre Privilegien von ihnen be=

schwert würde, und schließlich die Drohung aussprach, das der Stadt zugefügte Unrecht Herren und Freunden klagen zu wollen, bis ihr von den Herzögen Wandel gethan und ihre Privilegien gehalten würden. Die Herzöge antworteten darauf am 3. August, die Streitigkeit wegen des Domstiftes überließen sie dem Bischof von Ratzeburg, die weltlichen Streitigkeiten wären sie nach wie vor geneigt, von dem Markgrafen von Brandenburg vergleichen oder von dem gebührlichen Richter entscheiden zu lassen, die Unziemlichkeit Rostocks aber würden sie nicht länger dulden, als es Gott und ihnen gefällig wäre. Inzwischen war Bischof Johann von Ratzeburg nach Doberan gekommen und hatte von den Abgeordneten des Rathes sicheres Geleit verlangt für sich, für die Herzöge und für Alle, welche zur Einrichtung des Domstiftes nothwendig nach Rostock kommen müßten. Die Rathssendeboten begaben sich nach Rostock zurück; von dorther aber kam dem Bischof die schriftliche Antwort, seinem Verlangen könnte so schnell nicht gewillfahrt werden, weil erst die Genehmigung der Gemeinde zu der Gehorsamungsurkunde nachgesucht werden müßte. Daraufhin erklärte der Bischof am 7. August zu Schönberg die Urkunde vom 15. Juli für ungültig und sprach über die Rostocker den ihnen am 3. April für den Fall des Ungehorsams angedrohten Bann aus. Am 15. August antwortete er Lübeck, das ihn auf Rostocks Wunsch gebeten hatte, mit der Verkündigung des Bannes noch warten zu wollen, daß die Herzöge sich nicht länger gedulden wollten; am 16. August hatte der Lübecker Rath schon die Nachricht, daß der Bann in der Umgegend Rostocks verkündigt worden war.

Auf die Drohung des Bischofs hin, daß er eventuell mit dem Banne einschreiten würde, hatte die Stadt bereits am 6. August dagegen appellirt, daß derselbe sie, trotz ihrer Erklärung gehorsamen zu wollen, wegen ihrer Verweigerung des Geleits, von dem doch in der päpstlichen Bulle gar nicht die Rede wäre, mit weiteren Schritten bedroht hätte. Diese Appellation war jedoch, wie es scheint, vorläufig zurückgehalten worden. Am 2. September legte nun die Stadt gegen die Verkündigung des Bannes Appellation ein, und die vier Bürgermeister erklärten am 3. September, daß die Appellation vom 6. August den Herzögen und dem Bischof von Ratzeburg aus Furcht vor den ersteren bisher nicht hätte insinuirt werden können. Ein Verwendungsschreiben der wendischen Städte an den Papst, nach dem 28. September von dem Lübischen Syndicus Dr. Albert Krantz entworfen, machte die Auffassung geltend, daß mit der Forderung des Geleits den Rostockern absichtlich eine Falle gestellt worden wäre.

Vom 15. bis zum 18. Oktober fanden endlich zu Wilsnack die von dem Markgrafen Johann von Brandenburg angeregten Verhandlungen zwischen den Herzögen und Rostock unter dem Vorsitz des Markgrafen und in Gegenwart der Rathssendeboten von Lübeck, Hamburg, Stralsund, Lüneburg und Wismar statt. Die Herzoglichen wollten Anfangs von den Klagen der Rostocker überhaupt Nichts wissen, da der Tag nicht deshalb, sondern wegen der Klagen der Herzöge anberaumt worden wäre; entschieden aber schlugen sie es ab, auf den Streit wegen des Domstiftes einzugehen, da das päpstliche Privileg Rechtskraft erlangt hätte und eine geistliche Sache nicht von dem Markgrafen gerichtet werden könnte. Die Rostocker gaben zu, daß sie wegen des Domstiftes gehorsamen zu wollen versprochen hätten, verlangten aber dafür auch das Zugeständniß der Herzöge, das weggenommene Strandgut ersetzen zu wollen; wenn aber die Herzöge auf das Domstift verzichten würden, so ließe sich auch die Sache wegen des Schadenersatzes beilegen. Als es sich jedoch dann um den Werth des Strandgutes handelte, wurde derselbe von den Rostockern auf 30,000 Gulden geschätzt, während Herzog Magnus laut auflachend sagte, keine hundert Gulden sei es werth gewesen. Nun machte noch der Vertreter des Markgrafen den Vorschlag, die Streitsache wegen des Domstiftes entweder durch eine unparteiische Universität oder auf Grund von Universitätsgutachten durch Prälaten entscheiden zu lassen, aber dieser Vorschlag wurde von beiden Seiten abgelehnt.

Jetzt schien der offene Kampf unvermeidlich. Am 8. November hatte Lübeck Nachricht, daß von Seiten der Mecklenburger, Pommern und Anderer stark gerüstet würde. Da fanden, am 15. November zu Güstrow, durch Barthold Hiltermann, den Propst des heil. Kreuz=Klosters, vermittelt, noch einmal Verhandlungen zwischen der Stadt und den Herzögen statt, bei denen die Abgeordneten der Stadt in Betreff der Errichtung des Domstiftes nachgaben. Wegen aller übrigen Klagepunkte und Ansprüche der Herzöge sollten dieselben am 8. Januar persönlich nach Rostock kommen; würde dann eine gütliche Einigung nicht erzielt werden, so sollten die Landstände auf einem nach Wismar anzuberaumenden Tage die Entscheidung fällen; andererseits wollten sich auch die Herzöge wegen der Klagepunkte Rostocks dem Urtheil der Stände unterwerfen. Am 22. November wurden diese Abmachungen von Seiten des Rostocker Rathes genehmigt.

19. Die Ermordung des Dompropsten Thomas Rode.

Am 8. Januar 1487 kamen die Herzöge mit großem Gefolge nach Doberan und ließen den Rath dorthin zu sich fordern, um mit ihm wegen einer Verlängerung des sicheren Geleites, das mit diesem Tage ablief, zu verhandeln. Die Abgeordneten des Rathes versicherten, daß die Gemeinde sich beruhigt hätte. Am 9. Januar hielten die Herzöge ihren Einzug in Rostock; sie fuhren in dem Wagen des Rathes und wurden ehrenvoll empfangen. Am 11. Januar entboten sie den Rath Nachmittags zu sich in das Johanniskloster und sprachen mit ihm darüber, ob auch nach ihrer Abreise die Mitglieder des Domstiftes sicher sein würden; der Rath versprach, alle mit den Herzögen gekommenen Personen zu beschützen und eventuell die Uebelthäter zu richten. Seinerseits bat der Rath, daß er bei der Einweihung des Domstiftes nicht zugegen zu sein brauchte; da aber die Herzöge auf seiner Gegenwart bestanden, so willigte er ein. Am folgenden Tage, Freitag, dem 12. Januar, ging die Feierlichkeit vor sich. Die Herzöge ritten nach der Jacobikirche und traten in dieselbe zur Messezeit, begleitet von den Bischöfen Konrad von Schwerin und Johann von Ratzeburg, von ihren Räthen, Prälaten, Lehnsverwandten und dem Hofgesinde. Bischof Johann vollzog die vom Papst angeordnete Einrichtung des Domes, installirte die vier Würdenträger und vier andere Domherren und löste auf Ansuchen des Bürgermeisters Barthold Kerckhof, da nunmehr den päpstlichen Befehlen voll gehorsamt worden war, die Rostocker vom Banne.

Die Aufregung, die schon an diesem Tage in der Stadt geherrscht hatte, brach am Sonntag, dem 14. Januar, von Neuem los und entriß dem Rathe die Zügel.

In die Jacobikirche stürmte, als gerade von den Chor=
schülern die Tertia gesungen wurde (9 Uhr), ein Volks=
haufe ein, drang in den Chor, zerschlug das Gestühle und
zerriß die von den Herzögen geschenkten Bücher. Zu
St. Marien, wo Herzog Magnus die Messe gehört, kam
es ebenfalls zu Unruhen; in Folge deren begab sich der
Herzog mit den Domherren nach dem Pfarrhause. Hier
erschienen die vier Bürgermeister, meldeten dem Herzog,
daß ein Aufstand ausgebrochen sei, und geleiteten ihn durch
die Marienkirche hindurch in seine Herberge.

Auf dem Markte war die Volksmenge versammelt;
die Bürgermeister und Rathmannen versuchten, sie zu be=
schwichtigen, schwuren ihr, die Stadt bei allen ihren Frei=
heiten erhalten zu wollen und begaben sich dann wieder,
gegen 10 Uhr, nach der Schreiberei. Während dessen kam
der Haufe, welcher in der Domkirche gewüthet hatte, auf
die Wedem von St. Marien zu, ergriff den Dompropst
Thomas Rode und schleppte ihn über den Kirchhof vor
die Schreiberei. Der geängstigte Rath wird sie veranlaßt
haben, ihn vorläufig in Haft zu bringen, denn von der
Schreiberei aus drängte die Menge wieder mit ihm über
den Kirchhof, durch die Straßen, nach einem Thurm auf
der Lastabie zu; unterwegs aber, bei der Burse zum halben
Mond, an der Ecke der Babstüberstraße, starb er ihnen
an den erlittenen Mißhandlungen unter den Händen. Auch
der Domdechant Heinrich Benzin ward ergriffen, durch
die heil. Geist=Kirche hindurch nach dem Rammsberg ge=
bracht und in den dortigen Thurm, den Lagebusch, gesetzt.

Herzog Magnus wurde mit seinem Gefolge von
Bürgermeistern und Rathmannen von seiner Herberge ab
bis nach dem Steinthor geleitet und dort aus der Stadt
gelassen; auch die Herzogin Sophie kam mit ihren Frauen,

4*

wenn auch beschimpft und verhöhnt, glücklich in ihrem Wagen von dannen.

Was geschehen war, war von einem wüsten Volkshaufen verübt worden und aus einer erregten und auf das Aeußerste erbitterten Einwohnerschaft hervorgegangen; an einen eigentlichen Urheber, eine planmäßige, vorbereitete Gewaltthat ist natürlich nicht zu denken. Nur Einen, der sich selbst berühmte, er habe Thomas Rode getödtet, ließ der Rath richten. Im Uebrigen unterblieb eine Ahndung der Gewaltthätigkeiten. Einer aus der Bürgerschaft, Hans Runge mit Namen, begehrte, daß das Geschehene nicht einzelnen Unbemittelten, die man heraussuche, zugeschoben, sondern von Rath und Bürgerschaft verantwortet würde, und der Rath erklärte sich, um den Unfrieden zu stillen, damit einverstanden.

Aber der Unfriede und das Mißtrauen gegen den Rath, insbesondere gegen die Bürgermeister Kerckhof und Hasselbeck, fraßen weiter. In einer Versammlung der wendischen Städte vom 18. März war beschlossen worden, die Herzöge durch den Lübischen Syndikus Dr. Albert Kranz um neue Verhandlungen bitten zu lassen; am 26. März erklärten sich die Herzöge zu einer Tagfahrt am 24. April in Schönberg bereit. Als nun eine Botschaft der Herzöge wegen dieser Tagfahrt in Rostock eintraf, verlangte die Gemeinde, daß ihr am 28. März Auskunft über diese Botschaft gegeben würde. Kerckhof und Hasselbeck, deren Hausthür der Pöbel mit Galgen und Rad bemalt hatte, einigten sich über gemeinsame Flucht und entwichen mit ihren Söhnen in der Frühe, vor 6 Uhr, aus der Stadt.

Die Schönberger Verhandlungen blieben erfolglos; Rostock hatte keine Abgeordnete geschickt; wohl aber waren Kerckhof und Hasselbeck zugegen. Beide entblödeten sich nicht, die Städte zu fragen, was sie thun sollten, wenn sie von den Herzögen aufgefordert würden, sich deren Räthen beizugesellen; die Städte antworteten ihnen, sie würden wohl ohne ihren Rath wissen, was ihnen selbst und der Ehre ihrer Stadt gezieme; demgemäß standen sie getrennt von den Herzoglichen und den Städtern und hörten die Verhandlungen an.

Der allgemeine Hansetag, der am 24. Mai zu Lübeck zusammentrat, richtete am 4. Juni ein Schreiben an den Rostocker Rath, in welchem er forderte, daß Rostock für die „unmenschliche Uebelthat" entweder die Missethäter richte oder bei den Herzögen und den übrigen Betheiligten Sühne nachsuche; vor Allem aber müsse der Rath wieder zu voller Macht gelangen, denn mit einer Stadt, deren Rathsmitglieder aus Furcht für Leben und Gut flüchtig werden müßten und deren Rath keinen Brief empfangen könnte, ohne der Gemeinde über den Inhalt Rede und Antwort zu stehen, sei nicht zu verhandeln. Abgesandte dieses Hansetages kamen mit den Herzögen am 9. Juni zu Schönberg zusammen und bewogen dieselben, in eine Verhandlung mit den Rostockern am 19. Juni zu Grevis= mühlen zu willigen; am 15. Juni traf auch Rostocks zu= stimmende Antwort ein; aber „aus guten Gründen" schrieben jetzt die Hansestädte den Herzögen den anberaumten Tag wieder ab, vermuthlich weil die Forderung vom 4. Juni unbeantwortet geblieben war und deshalb eine Tagfahrt von vornherein nutzlos scheinen mußte. Damit kamen zeitweilig die Verhandlungen zur Ruhe, und der offene Kampf begann.

20. Die Belagerung der Stadt und das Treffen bei Pankelow.

Mit ihren Verbündeten, Herzog Bogislav von Pom=
mern, Herzog Johann von Sachsen=Lauenburg und dem
Grafen von Ruppin, zogen die Fürsten Magnus und
Balthasar gegen Rostock heran; in ihrem Gefolge befanden
sich auch die beiden entwichenen Bürgermeister Kerckhof und
Hasselbeck mit ihren Söhnen. Am 17. Juli Morgens
6 Uhr wurde die Mühlenthor=Zingel berannt; die äußere
Zingel wurde genommen und gleich dem Ziegelhof von
St. Marien in Brand gesetzt; dann ließen die Fürsten ihre
Zelte bei Kassebohm aufschlagen und von Kessin aus eine
Brücke über die Ober=Warnow nach dem jenseitigen Ufer
hinter Gragetopshof herstellen. Am 18. Juli verlegten
die Fürsten ihre Zelte hinter Gragetopshof, und das Heer
begann die um die Stadt liegenden Dörfer zu verbrennen.
Am 19. Juli machten die Rostocker einen Ausfall und
trieben die Feinde zweimal von dem niedergebrannten
Ziegelhofe zurück. Am 23. Juli zogen die Fürsten mit
einem Theil des Heeres ab, nach Warnemünde zu; der
Ort selbst wurde am folgenden Tage eingenommen, die
Burg aber, der ummauerte Leuchtthurm, wurde von der
Besatzung bis zum 1. August gehalten.

Auf die Kunde von diesen Vorgängen hin waren
Rathssendeboten der wendischen Städte am 20. Juli von
Lübeck aufgebrochen. Der von ihnen voraufgeschickte
Syndicus Dr. Abert Krantz kam bei dem vor Rostock zu=
rückgelassenen Belagerungsheer an und zog den Herzögen
nach Warnemünde nach (am 25. Juli). Am folgenden
Tage hatten die Sendeboten mit Herzog Magnus eine
Zusammenkunft in Parkentin und begaben sich dann nach
Rostock. Am 27., 28. und 29. verhandelten sie mit den

Herzögen zu Marieneh, am 29. in Begleitung der Rostocker. Dann zogen sie unverrichteter Sache von bannen.

Am 2. August, nach der Einnahme der Burg, stellten die Herzöge den Rostockern nochmals einen Geleitsbrief zu Verhanblungen in Marieneh aus. Als diese sich auch hier nicht fügten, ließen sie den Leuchtthurm niederreißen, die Mauern und das Bollwerk in das Tief werfen, das Neue Tief verpfählen und den Ort niederbrennen. Dann zog das Heer am Abend des 9. August von Warnemünde ab und vereinigte sich mit den vor Rostock Zurückgebliebenen, die sich inzwischen hinter dem Piepenborn nach Biestow zu gelagert und ein Handgemenge mit den Rostockern beim Piepenborn und beim Wall glücklich bestanden hatten. Am Morgen des 10. August aber ließen sie die Zelte ab= brechen und zogen mit ihren Verbündeten von bannen.

Damit war die eigentliche Belagerung der Stadt auf= gegeben, und die Feinde beschränkten sich auf einen Reuter= frieg, d. h. ihre Reuter nahmen den Bürgern bald vor dem einen, bald vor dem andern Thor ihre Kühe weg. Am 16. August aber unternahmen die Rostocker einen Vergeltungszug; Abends nach 8 Uhr zogen 1500 Fußgänger und 150 Reisige aus dem Mühlenthor hinaus gegen Po= trems, wo die von Bülow eine Burg hatten; in der Frühe des andern Morgens berannten sie das Dorf und die Burg und zogen dann weiter nach Pankelow. Inzwischen hatten die Herzöge Nachricht erhalten und eilten den Ro= stockern mit 5—600 Reisigen entgegen. Gegen 7 Uhr begann der Kampf; binnen einer halben Stunde war er zu Gunsten der Rostocker entschieden. Herzog Magnus war durchs Bein geschossen, seinem Bruder Herzog Bal= thasar war das Pferd unter dem Leibe getödtet, Otto Hahn, ein von der Lühe, ein von Bassewitz und viele

Kriegsknechte waren gefangen, eine von den Feldfahnen war
erbeutet worden.

Nun begann die Vermittelung der wendischen Städte
von Neuem, und es kam ein vierzehntägiger Stillstand zu
Stande. Die Verhandlungen, welche vom 22.—27. Sep=
tember zu Wismar stattfanden, blieben aber ohne Erfolg,
weil die Rostocker darauf bestanden, vor allem Andern
müßten erstens ihre Rechte und ihr Besitzstand wiederher=
gestellt, zweitens der Bann aufgehoben und der geistliche
Prozeß niedergeschlagen werden und drittens ihre Gefan=
genen ihnen trotz des Stillstandes verbleiben. Am
28. October vermittelte ein Abgesandter des Markgrafen
wiederum einen achttägigen Bestand; während der Dauer
desselben langten Briefe des Königs von Dänemark an,
welche eine Verlängerung der Waffenruhe bis zum 27. De=
cember bewirkten, und am 13. December wurde zu Wismar
von den Sendeboten des Dänenkönigs, des Markgrafen
und der wendischen Städte auf ein Jahr und drei Monate
Friede geschlossen.

Während dieses Friedens wurde am 29. Juli 1488
auch zwischen der Stadt und den beiden ausgewichenen
Bürgermeistern ein Vergleich geschlossen, nach welchem den=
selben ihr Hab und Gut verabfolgt und ihren Hausfrauen
der Aufenthalt in Rostock gestattet werden, sie selbst aber
außerhalb der Stadt bleiben und ihre Streitigkeiten mit
dem Rath und der Stadtgemeinde bis zum Ausgleich Ro=
stocks und der Herzöge ruhen sollten.

21. Runges Aufruhr und das Urtheil der Schieds= richter.

Als der Stillstand sich seinem Ende näherte, veran=
laßten Stralsund und Wismar, die von den übrigen wen=

dischen Städten beauftragt worden waren die Sache zu=
nächst „aus den gröbsten Spänen zu hauen", einen Tag
zu Ribnitz am 3. Februar 1489. Vermuthlich wurden
hier weitere Verhandlungen, an denen die gesammten
wendischen Städte sich betheiligen sollten, in Aussicht ge=
nommen.

Die Befürchtung, daß man sich in Folge des Ge=
horsamungsversprechens nun doch noch in das Domstift
werde fügen müssen, rief in Rostock eine leidenschaftliche
Erbitterung gegen den Rath und insbesondere gegen die
beiden ausgewichenen Bürgermeister hervor. Am 10. Fe=
bruar versammelte sich ein Haufe Bürger auf dem Markt,
Hans Runge, Thibeke Boldeman, Magister Bernd Wart=
berg und viele Andere. Sie begaben sich auf das Rath=
haus und verlangten, daß ihnen die Privilegien der Stadt
vorgelesen würden; der wortführende Bürgermeister ent=
gegnete ihnen, es wäre keiner von den Rathsschreibern
gegenwärtig. Nun verlas Thibeke Boldeman seinerseits
zwei mitgebrachte Schriftstücke, zunächst eine deutsche Ueber=
setzung der Urkunde vom 15. Juli 1486, in welcher der
Rath die Befolgung der päpstlichen Mandate für sich und
für die ganze Gemeinde versprochen hatte, und sodann
eine Aufzeichnung über die mannichfachen Versicherungen,
niemals in die Errichtung des Domstiftes willigen zu
wollen, mit denen die Gemeinde von Kerckhof, Hasselbeck
und anderen Rathsmitgliedern getäuscht worden war.
Darauf begaben sich die Bürger auf das sogenannte Neue
Haus, wo die in der Urkunde von 1486 genannten Zeugen,
zwei Vikare an der Marienkirche, vernommen wurden und
der Wahrheit gemäß aussagten, sie wären damals vom
Rathe nach der Schreiberei entboten worden, und es wäre
dort der ganze Rath, aber kein Bürger zugegen gewesen.

Mit dem über diese Aussage aufgenommenen Instrument gingen die Bürger wieder auf das Rathhaus, und Runge warf dem Rath zornig vor, mit seinem falschen Briefe habe er der Stadt Freiheit und Privilegien verleugnet.

Auf das Neue Haus zurückgekehrt, faßte man den Beschluß, Sechziger zu wählen. Da trat Einer, Heinrich Warnke genannt, mit einer fertigen Liste von 30 Kauf=leuten und 30 Handwerkern hervor; die Genannten wurden gewählt, und die Erwählten mußten das Amt annehmen. Darüber war es 4 Uhr Nachmittags geworden, und die Bürger gingen auseinander; der Rath aber durfte das Rathhaus nicht verlassen und wurde die Nacht über wohl von 200 Bürgern bewacht.

Am folgenden Tage, Morgens 8 Uhr, kam Runge wieder auf das Rathhaus, ließ die Privilegien der Stadt verlesen und verband sich mit den Sechzigern und der ganzen auf dem offenen Markte versammelten Gemeinde durch einen Eid, daß sie auf Leben und Tod zusammen=stehen und von ihren Privilegien und Freiheiten nicht ab=lassen wollten. Dann·wurden neun Rathsmitglieder, die man wegen Begünstigung des Domstiftes am meisten in Verdacht hatte, aus dem Rathsstuhl hinaus und in die Hörkammer gewiesen, die sie erst am 21. Februar gegen Stellung von Bürgen verlassen durften. Die übrigen dreizehn Rathsmitglieder mußten ebenfalls den Eid leisten.

Am 12. März versammelten sich die wendischen Städte zu Lübeck; die dort erschienenen Rathssendeboten Rostocks, Bürgermeister Johann Wilken und Rathmann Heinrich Blomenow, sollten Anfangs den hansischen Gesetzen nach als Sendeboten einer von Aufruhr ergriffenen Stadt zu den Verhandlungen nicht zugelassen werden und wurden zunächst an den Eingang des Rathsstuhls gewiesen; dann

aber gestattete man ihnen doch, für diesmal noch ihren
gewohnten Sitz zwischen den Hamburgern und den Stral=
sundern einzunehmen. Am 15. März begannen von
Stralsund vermittelte Verhandlungen der wendischen Städte
mit den Herzögen zu Wismar, zu denen am 17. März
auch 24 Sechziger fuhren. Hier wurde den Rostockern
bedeutet, daß die Aussöhnungsverhandlungen keinen Fort=
gang nehmen könnten, bevor nicht die neun Rathsmitglieder
ihrer Haushaft entlassen und auf den Rathsstuhl zurück=
geführt worden wären. Von dem Lübischen Syndicus Dr.
Albert Krantz und dem Hamburgischen Stadtschreiber
Nikolaus Schulte begleitet, kehrten Wilken und Blomenow
mit den 24 Sechzigern am 20. März nach Rostock zurück.
Am 23. März kam nach langem Hin= und Herreden, ins=
besondere durch Krantz' Bemühungen, ein Ausgleich zu
Stande; die neun Rathsmitglieder durften ihren Platz im
Rathsstuhl wieder einnehmen; der Rath aber mußte, ge=
wissermaßen als Gegenstück zu der Gehorsamungsurkunde,
den Bürgern schriftlich geloben, ihnen zur Befreiung der
Stadt von der Last geistlicher und weltlicher Streitigkeiten
Hülfe, Rath und Beistand zu thun.

Am 29. August nahmen die Verhandlungen des
Schiedsgerichtes, die am 13. December 1487 vereinbart
worden waren, zu Wismar ihren Anfang. König Johann
von Dänemark, der mit 600 Pferden gekommen war, und
die Räthe des Markgrafen von Brandenburg waren
Schiedsrichter; auch die Herzöge von Holstein, Sachsen=
Lauenburg und Braunschweig und die Rathssendeboten
der wendischen Städte waren anwesend. Wieder wurde
Tage lang verhandelt, ohne daß eine Vereinigung möglich
gewesen wäre; da entschlossen sich die Schiedsrichter zum
Urtheil zu schreiten. Darauf aber waren die Rostocker

nicht gefaßt. Als zunächst eine Sententia interlocutoria abgegeben werden sollte, erklärten sie, Urtheile über sich ergehen zu lassen wären sie nicht bevollmächtigt, und ver= ließen ohne Urlaub das Gericht und das Rathhaus. Das Schiedsgericht verurtheilte sie demgemäß in die Kosten dieser Tagfahrt zum Betrage von 6000 Gulden, forderte sie sodann durch Notar und Zeugen zur Anhörung des definitiven Urtheils vor sich und ließ, nachdem es noch an Ort und Stelle durch Ritter Hans von Anevelb dreimal die münd= liche Ladung hatte ergehen lassen, am 7. September das Urtheil gegen sie in contumaciam fällen. Diesem Urtheil zufolge soll das errichtete und vom Papst bestätigte Dom= stift von Bestand bleiben, und über die Unkosten, welche den Herzögen durch Herzog Magnus' Romfahrt und anber= weitig erwachsen sind, hat der Papst zu entscheiden; durch dasjenige, was bei Einweihung des Domstiftes geschehen ist, haben die Rostocker ihre Privilegien und Lehngüter verwirkt; außerdem sollen sie den Herzögen eine Pön von 30,000 Rheinischen Gulden zahlen, eine neue Huldigung leisten und ihnen und ihren Gemahlinnen einen demüthigen Fußfall thun; die Bürgermeister Kerckhof und Hasselbeck sollen sie wieder zu Bürgermeistern annehmen und die inzwischen erwählten Bürgermeister und Rathmannen, wie auch die Sechziger, absetzen; für Thomas Robes Ermordung sollen sie nach Erkenntniß geistlicher Richter eine ewige Memorie oder ein anderes Seelgeräth bestellen, die Urheber derselben aber den Herzögen ausliefern; endlich werden noch die Kosten dieses Tages von 6000 auf 2500 Gulden ermäßigt.

22. Der Auflauf des Rathes und der neue Rath.

In Rostock rief dieses Urtheil hier Bestürzung und Furcht, dort leidenschaftliche Erbitterung hervor. Am 25. November beschlossen Rath und Gemeinde, daß die Aussprengung böser Gerüchte und die Erregung von Aufruhr gegen Jedermann nach Lübischem Rechte gerichtet werden sollte. Am 3. December brach, wie es scheint durch Schuld oder Ungeschick des Rathes, der Sturm los.

Auf Befehl des Rathes wurden vier Personen in ihren Wohnungen ergriffen und nach der Büttelei gebracht. Zu ihrer Verhaftung waren, vermuthlich weil man Widerstand fürchtete, einige Rathsmitglieder mit der ganzen Rathsdienerschaft ausgeschickt worden, und viele Bürger von der Rathspartei hatten sich ihnen angeschlossen. Als Hans Runge von diesem „Auflauf des Rathes" Nachricht erhielt, schaarte er seine Anhänger um sich und drang auf das Neue Haus; die Rathspartei hielt dagegen das Rathhaus besetzt. Von beiden Seiten wurde die Nacht durchwacht. Am andern Morgen war das Uebergewicht der Sechziger entschieden; die vier Gefangenen mußten losgegeben werden, und die Rathspartei verließ das Rathhaus. Auf dem Markte wurden sie mit Schmähworten und Drohungen empfangen; Einige wurden verfolgt und flüchteten sich in die Klöster; ein Theil des Rathes und der vornehmsten Bürger ergriff die Flucht „und dankten Gott, daß sie aus der Stadt kamen".

Unter den Entwichenen waren zwei Bürgermeister und sechs Rathmannen. Da von den 24 Mitgliedern, aus denen der Rath bestehen sollte, nunmehr nur noch 9 vorhanden waren, so trat am 11. December Hans Runge mit den Sechzigern vor den Rath und verlangte, daß statt der Entwichenen acht neue Rathsmitglieder erwählt würden.

Der Rath weigerte sich, mußte aber nachgeben. Am folgenden Tage gingen die Neuerwählten, die Bürgermeister Dietrich Boldeman und Johann Heger und 6 Rathmannen, mit den neun alten Herren zusammen in den Rath; sofort wurden zwei der Letzteren wegen ihrer Betheiligung an dem „Auflauf" aus dem Rathsstuhl gewiesen. Ein drittes Mitglied des alten Rathes muß bald darauf ebenfalls ausgewiesen oder zurückgetreten sein. Am 22. Februar 1490 nahmen die sechs alten und die acht neuen Herren zehn weitere Neuwahlen vor und machten dadurch den Rath wieder vollständig. Schon am 3. März verlangte jedoch Runge, daß die sechs alten Herren nicht mehr zu Rath gehen sollten; die neuen Herren widerstrebten, mußten aber am 5. März nachgeben.

Am 19. December (1489) waren Briefe des Königs von Dänemark und des Markgrafen verlesen worden, in denen dieselben eine Erklärung darüber verlangt hatten, ob Rostock gewillt wäre sich dem Urtheil vom 7. September zu fügen. Nach Weihnacht hatten auf Veranlassung der Herzöge hin auch Verhandlungen zwischen drei herzöglichen Räthen und den Abgeordneten der Stadt auf Marien Ziegelhofe stattgefunden. Im Sommer 1490 waren nun die Herzöge gemeint den offenen Kampf zu erneuern, und auch die Stadt nahm wieder Reisige in ihren Sold. Gegen den 13. Juli kamen jedoch Sendeboten des päpstlichen Legaten Kardinal Raimundus nach Rostock und vermittelten einen Tag am 20. Juli zu Marieneh. Da die Herzöge wünschten, daß auch die Sechziger und die gemeine Bürgerschaft sich bei den Verhandlungen betheiligen sollten, so folgte ein neuer Tag auf offenem Felde, zu dem die Herzöge mit 200 Pferden, die Rostocker mit 3—4000 Fußgängern erschienen. Die Verhandlungen blieben aber fruchtlos, und ein weiterer Tag zu Doberan hatte gleichfalls keinen Erfolg.

Von den wendischen Städten hatte Rostock seit dem Urtheil vom 7. September sich vollständig ferngehalten. Am 10. März 1490 erschienen aber die ausgewichenen Rathsmitglieder bei ihnen in Lübeck, stellten durch ihren Wortführer Bartholb Kerckhof die Forderung, daß Rostock aus der Hanse gethan würde, und brachten sogar die Befriedigung der Herzöge für die ihnen zuerkannte Pön mittels Abtretung Rostockischer Landgüter in Vorschlag. Die Städte lehnten diese Anträge vorläufig ab, schrieben aber am 24. Mai an Rostock, daß sie die von ihm verlangte Hülfe gegen die Herzöge nur dann leisten könnten, wenn es sich in seinen Streitigkeiten mit dem alten Rath ihrem Schiedsspruch unterwerfen würde. Rostock gab mehrfach ausweichende Antwort, fügte sich aber, als Lübeck auf seiner Forderung beharrte, am 21. September. In Folge dessen sandte die Versammlung der wendischen Städte vom 11. October Rathssendeboten Wismars und Stralsunds mit Syndicus Dr. Albert Kranz an die Herzöge, um dieselben von dem beabsichtigten Angriff auf Rostock zurückzuhalten, und durch Verhandlungen zu Hohen-Sprenz und zu Doberan wurde erreicht, daß auch die Herzöge den Streit der Stadt mit den Ausgewichenen der Entscheidung der Städte überließen.

Das Vermittelungswerk begann zu Lübeck am 13. December. Die Ausgewichenen, 5 Bürgermeister und 8 Rathmannen, waren vollständig erschienen, von Seiten des neuen Rathes 6 Abgeordnete. Da es sich hauptsächlich darum handelte, ob der am 23. März 1489 zwischen dem Rath und der Gemeinde geschlossene Vergleich, wie der neue Rath behauptete, von dem alten Rath gebrochen worden wäre, so wurden Kerckhof und Hasselbeck als bei diesem Streit nicht betheiligt zu den Verhandlungen nicht hinzugezogen. Der Wortführer der Ausgewichenen, Bürgermeister Vicko von Herverden, verlangte zunächst die Vorlegung der Vergleichsurkunde; Bürgermeister Dietrich Voldewan erwiderte als Wortführer des neuen Rathes, die Urkunde würde von der Gemeinde in Verwahrung gehalten. Am 14. December versuchten die Städte, die beiden Parteien ohne Rücksichtnahme auf die Urkunde in Güte zu vereinigen; die Vertreter des neuen Rathes erwiesen sich auch nicht abgeneigt, den alten Rath wieder einzuführen, wollten jedoch Kerckhof und Hasselbeck davon ausgeschlossen wissen; endlich gaben sie zwar auch darin den Städten nach, bestanden aber darauf, ihrerseits ebenfalls im Rathsstuhl zu verbleiben. Am Morgen des 15. Decembers begann wieder der Urkundenstreit; Voldewan ersuchte, die Sache bis auf den Nachmittag zu verschieben; als er damit nicht durchbrang, legte er eine beglaubigte Abschrift vor, weil es keine Gewohnheit wäre, Originalurkunden zur See oder zu Lande mit sich zu führen; als aber eine Abschrift für ungenügend erklärt ward, rückte er mit dem Originaldokument heraus. Nun berichtete erst der alte Rath die Ereignisse vom 3. December 1489, durch die er zur Entweichung aus Rostock genöthigt worden wäre; darauf gab der neue Rath eine Darstellung derselben von seinem Standpunkte aus; als dann die Städte zwischen beiden Parteien entscheiden sollten, versuchten sie vorher nochmals eine gütliche Beilegung. In der That kam es am 17. December zu einem Vergleich: der Vertrag vom 23. März 1489 wurde aufgehoben und aller Streit zwischen dem alten und dem neuen Rath sollte vergeben und vergessen sein; beide Par-

teien wollten sich bemühen, daß der Streit der Stadt mit
den Herzögen beigelegt würde; würde der Friede geschlossen
worden sein, so sollten die alten Herren auf den Rathsstuhl zurückgeführt werden und die neuen Herren neben
ihnen sitzen.

23. Runge's Ende und der Domsehde Ausgang.

Da dieser Vergleich erst durch einen Frieden mit den
Herzögen Bedeutung erhielt, so wurden nun die Verhandlungen mit den Letzteren von Wismar und Stralsund
wieder aufgenommen. Auf dem deswegen anberaumten
Tage, am 18. Januar 1491 zu Güstrow, verlangten die
Herzöge zuvörderst die Anerkennung der Urkunde vom
15. Juli 1486, also die Befolgung der päpstlichen
Mandate in Bezug auf das Domstift; die Rostocker erwiderten, von ihrer Gemeinde würde die Anerkennung verweigert, weil das Instrument ohne ihr Vorwissen abgefaßt
worden wäre. Darauf erboten sich die Herzöge, es der
Entscheidung der wendischen Städte zu überlassen, ob der
neue Rath und die Gemeinde durch die Urkunde gebunden
wären oder nicht. Die Rostocker erwiderten, sie müßten
sich darüber erst mit ihrer Gemeinde berathen, und erklärten am 25. Januar ihr Einverständniß. Nun aber
hielt Lübeck eine solche Entscheidung für unthunlich und
forderte deshalb Stralsund und Wismar am 28. Februar
zu weiteren gütlichen Verhandlungen auf. Der neue Rath
beschwerte sich über die Verzögerung des Friedenswerkes
und schrieb sowohl an die Ausgewiesenen, wie auch, am
12. März, an Wismar wegen möglichst schneller Wiederaufnahme desselben.

Ein Theil der Gemeinde war mit dem Vertrage vom
17. December unzufrieden, hatte sich nur widerstrebend in

den Beschluß vom 25. Januar gefügt und besorgte mit Recht, daß bei erneuerter Verhandlung weitere Zugeständnisse gemacht werden würden. Am 12. März gingen Runge und Wartberg mit ihrem Anhange vor den Rath; Runge begehrte, daß der Vertrag vom 17. December für ungültig erklärt und daß die offene Befehdung der Entwichenen und derer, die ihnen Aufnahme gewährten, gestattet würde; Bürgermeister Dietrich Bolbewan aber, sein früherer Genosse, trat ihm scharf entgegen und verwies ihn darauf, daß die Abgeordneten, welche diesen Vertrag geschlossen hätten, von ihm selbst und den übrigen Sechzigern bevollmächtigt worden wären. In heftigem Zorn zogen Runge und seine Anhänger von dannen, bewachten die Thore und ließen Niemand ohne ihr Vorwissen hinausgehen oder hereinkommen.

Unter diesen Verhältnissen meinte Stralsund am 19. März, Wismars Begehren nach Wiederaufnahme der Verhandlungen als zur Zeit unthunlich ablehnen zu müssen; am 26. März ermahnte aber Lübeck nochmals zu Vermittelungsversuchen, indem es darauf hinwies, daß jetzt bei wieder eröffneter Schifffahrt viel loses Volk aus Rostock auf die See ginge, wodurch sich die Dinge hoffentlich günstiger gestalten würden. Vermuthlich ist dann wirklich eine neue Tagfahrt vereinbart und dadurch Runge zum Aeußersten gereizt worden.

Am 6. April, Mittwoch nach Ostern, nahmen Runge und Wartberg mit ihrem Anhang Abends gegen 10 Uhr das Steinthor ein, vermuthlich doch wohl, um dem Rath weitere Verhandlungen mit den Herzögen unmöglich zu machen. Am 9. April, Sonnabend nach Ostern, fand in einer Versammlung der erbgesessenen Bürgerschaft der Entscheidungskampf zwischen Runge und Bolbewan statt.

Runge wollte gegen den Gegner die Anklage auf Stadt-verrath erheben, aber dieser beschuldigte ihn der eigen-mächtigen Einnahme des Steinthors wegen des Aufruhrs, und die Rathspartei hatte das Uebergewicht. Runge und Wartberg mit sieben ihrer Genossen wurden in die Hör-kammer gewiesen; die Sechziger dankten ab. Mittags gegen 1 Uhr wurden Runge und Wartberg nach dem Thurm auf dem Rammsberge gebracht; Abends gegen 8 Uhr wurden sie in ihrem Gefängniß enthauptet. Am 14. April wurden zwei von ihren Anhängern ebenfalls hingerichtet, die übrigen entwichen oder wurden der Stadt verwiesen.

Nach der Ueberwältigung der von Runge geführten Volkspartei stand der Aussöhnung mit den Herzögen Nichts mehr im Wege. Am 29. April einigten sich die Herzöge mit der Stadt zu Wiendorf über eine Tagfahrt, am 13. Mai zu Wismar, auf der ihre Streitigkeiten ent-schieden werden sollten. Am 20. Mai kam unter Mit-wirkung zweier Sendeboten des Herzogs Bogislaws von Stettin, der Bischöfe von Ratzeburg und von Schwerin und der Rathssendeboten der Städte Lübeck, Hamburg, Stralsund, Wismar und Lüneburg der Ausgleich zu Stande. Rostock erkannte die Gehorsamungsurkunde und das Domstift an und verpflichtete sich, den Herzögen 21,000 Rhei-nische Gulden zu zahlen, ihnen die Dörfer Nienhusen und Fahrenholz abzutreten, ihnen einen neuen Huldigungseid zu leisten und sie fußfällig durch Rath und Bürgerschaft um Vergebung zu bitten. Am 11. Juni 1491 wurden die letztgenannten beiden Bedingungen erfüllt, und mit den Herzögen zogen auch die Mitglieder des alten Rathes in die Stadt ein; am 17. Juli erfolgte im Beisein der wen-dischen Städte die Wiedereinführung in den Rathsstuhl.

Der siebenjährige Streit um das Domstift war damit

zum Abschluß gekommen. Das Domstift selbst, das Seelen=
heil des herzoglichen Geschlechts, das Interesse der Univer=
sität waren Vorwände oder doch Nebensachen; der Haupt=
sache nach handelte es sich auf der einen Seite um das
Verlangen, die Stadt Rostock wieder in den Rahmen des
Territoriums hineinzuziehen, auf der andern um das
Streben nach voller Unabhängigkeit; dort um die Zurück=
gewinnung sorglos verschleuderter Rechte, hier um die
Vertheidigung wohlerworbener Privilegien und Freiheiten.
In einem ersten, bedeutungsvollen Kampfe hatten die Her=
zöge und die mächtigste Stadt Meklenburgs ihre Kräfte
mit einander gemessen: das Prinzip moderner Fürsten=
gewalt hatte obgesiegt, das Prinzip städtischer Selbst=
ständigkeit war erlegen.

24. Die Dotation des Domstifts.

Die Universität hatte sich am 1. Juni 1484 gleich
der Klerisei der vier Pfarrkirchen mit der Stadt zur Auf=
rechthaltung der Appellation verbunden, und zwei von ihren
Professoren, Dr. Johann Berchmann und Dr. Liborius
Meyer, waren an dem Widerstande gegen das Domstift
lebhaft betheiligt gewesen; Meyer hatte die Appellations=
schriften der Stadt abgefaßt, Berchmann war selbst nach
Rom gegangen und war den persönlichen Bemühungen des
Herzogs Magnus eifrig, wenn auch vergeblich, entgegen=
getreten. Gleichzeitig aber hatte Berchmann im Interesse
der Universität ein päpstliches Privileg ausgewirkt, in
welchem Innocenz VIII derselben am 10. Februar 1486
das bis dahin immer nur auf bestimmte Jahre lautende
Conservatorium auf ewige Zeiten und zugleich auch für
den Fall verlieh, daß die Universität an einen andern
Ort verlegt werden sollte. Trotz dieses Privilegs war die

Univerſität bis zum Juli 1487 in Roſtock geblieben, hatte
alſo die Stadt erſt nach der Ermordung Rode's und nach
der Flucht der beiden Bürgermeiſter Kerckhof und Haſſel=
beck, unmittelbar vor der Belagerung Roſtocks, verlaſſen.
Von den Herzögen war ihr ſchon am 14. Februar 1487
für den Fall ihrer Auswanderung ein Geleitsbrief bis
nach Wismar ausgeſtellt worden; als ſie ſich aber endlich
zu einem ſolchen Schritte entſchloß, ſiedelte ſie nicht nach
Wismar über, ſondern ging außerhalb Landes, nach Lübeck.
Nachdem dann am 13. December zu Wismar ein fünfzehn=
monatlicher Stillſtand geſchloſſen worden war, bemühte ſie
ſich ſofort um die Rückkehr nach Roſtock; am 18. März 1488
erklärte Roſtock auf die Verwendung der wendiſchen Städte
hin ſein Einverſtändniß, und unter dem gleichen Datum
ertheilte auch Papſt Innocenz ſeine Erlaubniß. In der
erſten Hälfte des Monats Auguſt iſt demgemäß die Univer=
ſität nach Roſtock zurückgekehrt und hat die Stadt während
der ganzen übrigen Zeit der Domfehde nicht wieder ver=
laſſen; von einem zweiten Geleitsbriefe, den die Herzöge
am 16. Juni 1490 für den Fall einer abermaligen Aus=
wanderung ausſtellten, iſt kein Gebrauch gemacht worden.
Bei einer Zuſammenkunft mit den Abgeſandten der
Univerſität, die am 5. October 1491 zu Marieneh ſtatt=
fand, verlangten die Herzöge von der Univerſität Genug=
thuung dafür, daß dieſelbe der Appellation der Stadt bei=
getreten und ohne Erlaubniß der Herzöge nach Roſtock
zurückgekehrt ſei, insbeſondere aber, daß ſie den Magiſter
Johann Berchmann zur Verhinderung des Domſtiftes nach
Rom geſchickt, der dort gegen die Herzöge mit Worten und
Schriften ſich ungebührlich benommen habe. In ihrer
Antwort vom 15. October behauptete die Univerſität, der
Appellation der Stadt ſei ſie nur aus Furcht vor Gefahr

an Leib und Gut und unter Protest beigetreten; Johann
Berchmann, der nicht von ihr, sondern vom Rath nach
Rom gesandt worden sei, erbiete sich, den Herzögen seine
Unschuld mündlich auseinander zu setzen, und was ihre
Rückkehr nach Rostock betreffe, so habe sie gemeint, dadurch
nicht gegen den Willen der Herzöge zu handeln, habe
auch die Absicht gehabt, insgesammt wieder Rostock zu
verlassen, sobald ihr kirchliche Strafen würden angedroht
worden sein.

Bei derselben Zusammenkunft forderten die Herzöge,
daß die Universität, von der der Plan des Domstiftes
ausgegangen sei, die zur Dotation desselben versprochenen
100 Gulden bezahle. Die Universität erwiderte, der Plan der
Errichtung eines Domstiftes zu Ehren der Stadt und zum
Nutzen der Universität sei von dem Rostocker Archidiakonus
Dr. Heinrich Benzin zunächst Herzog Heinrich IV und
hernach den Herzögen Magnus und Balthasar, ihr selbst aber
erst von diesen auf einer Tagfahrt zu Doberan mitgetheilt
worden, und was die geforderten 100 Gulden anlange, so
wisse sie von keiner weiteren Zusage, als daß sie Herzog
Heinrich auf dessen Werbung, seine Söhne würden nach
Rostock kommen, um Etwas zu Gunsten der Universität zu
verhandeln, seinem Begehren gemäß geantwortet habe, wenn
der Herzog Etwas zu ihrem Besten thun wolle, so werde
sie sich ihm gern durch einen Beitrag zu den Reisekosten
seiner Söhne dankbar erzeigen. Die Herzöge ließen aber
diese Einrede offenbar nicht gelten, denn sie begabten am
11. November 1494 das Domstift wie mit 10 Rheinischen
Gulden jährlicher Hebung aus dem Dorfe Krempin bei
Neu-Bukow, so auch mit 100 Rheinischen Gulden, welche
die Universität ihnen zu entrichten versprochen hatte.

Daneben erfahren wir von vier Präbenden oder

Domherrenstellen, welche die Universität aus ihren eigenen Mitteln dotirt hat.

Das Domstift beruhte auf dem Gedanken, die Einkünfte der vier Pfarrkirchen Rostocks für die Universität fruchtbar zu machen. Die Jacobikirche war in eine Kollegiatkirche umgewandelt worden, mit der ein Kapitel von zwölf Domherren verbunden werden sollte. Die Dotation von acht Präbenden wurde aus den Einkünften der Pfarrkirchen gewonnen. Der Kirchherr von St. Marien war zum Dompropst, der Kirchherr von St. Jacobi zum Dechanten, der Kirchherr von St. Petri zum Kantor und der Kirchherr von St. Nicolai zum Scholastikus erhoben worden; für die Erlangung der höheren Würde hatte aber jeder Kirchherr sich einen Abzug von 20 Gulden von seinen bisherigen Kirchherrn-Einkünften gefallen lassen müssen, und mit diesen viermal 20 Gulden waren vier weitere Präbenden dotirt worden. Die Dotation der vier letzten Präbenden wurde der Stiftungsurkunde zufolge von den Herzögen erwartet, denen auch das Patronatsrecht dieser und der vier mit 20 Gulden dotirten Präbenden zugestanden worden war, während der Papst das Patronatsrecht der Propstei sich selber vorbehalten und das der Dekanei, der Kantorei und der Scholasterei dem Bischof von Schwerin zugewiesen hatte.

Bei den Friedens-Verhandlungen zu Wismar hatten die Herzöge versucht, die Dotation der vier letzten Präbenden von der Stadt zu erlangen. In ihrer bei den Schiedsrichtern eingereichten Klageschrift hatten sie gefordert, daß die Stadt als Sühne für die Ermordung Thomas Rode's die Jacobikirche mit einem gewölbten Kreuzgange versehe, in derselben ein gewölbtes Lectrum und eine gewölbte

Kapelle herstellen lasse, in dieser Kapelle zwei ewige
Vikarieen stifte und außerdem noch vier Dompräbenden
mit je 40 Rheinischen Gulden dotire. Da aber mit dieser
empfindlichsten Demüthigung die Stadt von den Schieds=
richtern verschont worden war, so mußte anderweitig Rath
für die Dotirung geschaffen werden.

Am 9. April 1494 präsentirte die Universität dem
Bischof Konrad von Schwerin, der ihr am 19. Novem=
ber 1493 das Privileg des Papstes Martin V von
1419 Febr. 18 bestätigt und am 3. März 1494 die
Disciplinargewalt ihres Rectors erweitert hatte, vier Per=
sonen zur Investirung mit den von ihr dotirten und von
dem Bischof bestätigten vier Präbenden am Domstift. Der
Bischof wird diese Präsentation zurückgewiesen haben, da
einestheils die Dotation formell noch gar nicht bestätigt
worden war, anderntheils ja das Patronatsrecht den Her=
zögen zustehen sollte. Am 14. Mai wandte sich die Univer=
sität aufs Neue an den Bischof, berichtete ihm, sie habe
aus ihren eigenen Mitteln vier Präbenden des Domstiftes
mit 96 ℔, also jede mit 24 ℔ jährlicher Hebung dotirt,
habe den Herzögen die Präsentation eingeräumt, sich selbst
aber die Nomination vorbehalten, und bat ihn um die
Bestätigung dieser Dotation. Die bischöfliche Bestätigung
wurde gewährt und erfolgte am 22. Mai.

Wie die Universität dazu kam, vier Präbenden des
Domstiftes aus ihren eigenen Mitteln zu dotiren, erhellt
aus einer Eingabe der Universität an den Rath aus der
Reformationszeit, in der es heißt, sie habe dieselbe dotiren
müssen, weil der selige Dr. Berchmann nach Rom ge=
gangen sei. Bezeichnend für die Stimmung der Universität
zu den Herzögen aber war es, daß sich unter den vier
Männern, welche dieselbe dem Schweriner Bischof präsen=

tirte, Dr. Johann Berchmann und Dr. Liborius Meyer
befanden.

25. Die letzten Streitigkeiten mit den Herzögen Magnus und Balthasar.

Im Wismarschen Vergleich vom 20. Mai 1491 war
nur der hauptsächlichste Streitpunkt zwischen der Stadt
und den Herzögen durch die Anerkennung des Domstiftes
zum Austrag gekommen. Die übrigen Streitpunkte wegen
der Bede und wegen der Bürger-Landgüter waren uner=
ledigt geblieben. Waren die Herzöge entschlossen, ihren
Sieg zu verfolgen, und war die Stadt nicht tief genug
niedergebeugt, um sich darein zu finden, so konnte der
Kampf jeden Augenblick wieder ausbrechen.

Am 11. Juni 1491 zu Güstrow hatten die Herzöge
versprochen, der Stadt, nachdem sie ihnen Abbitte gethan
und von Neuem gehuldigt haben würde, ihre Privilegien
zu bestätigen. Die Stadt kam diesen Verpflichtungen nach;
die Privilegienbestätigung, die bisher immer unmittelbar
auf die Huldigung gefolgt war, wurde hinausgeschoben.
Zu Weihnacht dieses Jahres sollte dem Wismarschen
Receß zufolge die erste Abbezahlung auf die 21,000 Gulden
mit 2500 Gulden erfolgen. Als nun am 19. December
die Herzöge den Rath auffordern ließen, diese 2500 und
weitere 300 Gulden als Ersatz ihrer zuletzt gehabten Un=
kosten ihnen zum 27. December zu übersenden, antwortete
derselbe ablehnend. Am 22. December erneuerten die
Herzöge ihre Forderung mit dem Versprechen, wegen der
Privilegienbestätigung dem Wismarschen Receß getreulich
nachleben zu wollen. Da aber der Rath fest blieb, so
ertheilten die Herzöge am 2. Februar 1492 die versprochene
Privilegienbestätigung und erhielten dagegen die fälligen

2500 und einen Schuldbrief über weitere 18,000 Gulden.

Die Mittel zur Aufbringung dieser Summen und zur Abtragung ihrer sonstigen Kriegsschulden hatte die Stadt gehofft durch die Einführung einer Bier=Accise zu gewinnen. Die Herzöge verboten ihr die Erhebung der= selben. Ihr Gesuch, sie wenigstens vorläufig, bis zu einer mündlichen Besprechung in Doberan, beibehalten zu dürfen, wurde am 28. Februar abschläglich beschieden; bis zum 4. März, so hatten die Herzöge mit den Räthen ihrer drei Lande vereinbart, sollte sie abgeschafft werden.

Die Anforderung, sich an einer neuen Kaiserbede, die in Folge einer König Maximilian gegen Frankreich zuge= sagten Reichshülfe von den mecklenburgischen Ständen be= willigt worden war, mit 5000 ₰ Sundisch zu betheiligen, kam hinzu. Die Stadt, der König Maximilian das Aus= schreiben seines Vaters zum Reichstage am 14. Juni un= mittelbar zugeschickt hatte, weigerte sich diese Zahlung zu leisten. Die Herzöge verboten wieder Einfuhr und Ausfuhr und ließen Rostocker Bürger und Bürgergut mit Arrest belegen. Am 20. September wandten sich die zu Lübeck versammelten wendischen Städte an die Herzöge mit der Bitte, Rostock, das durch den Wismarschen Receß ohnehin in Sorgen gesetzt sei und durch das Verbot von Einfuhr und Ausfuhr schwer geschädigt werde, in seinen Freiheiten, Privilegien und Gewohnheiten unverkürzt zu lassen. Am 5. October erklärten sich die Herzöge bereit, die arrestirten Rostocker Bürger, Bürgerinnen und Einwohner in Freiheit zu setzen, verlangten aber dagegen, daß die Stadt ihnen urkundlich verspreche, ihnen auf ihre Forderung hin dieselben todt oder lebendig mit dem arrestirten Gut wieder aus= zuliefern, falls sie sich nicht inzwischen mit ihnen verglichen haben würde. Am 6. December kam ein neuer Vergleich zu Stande: die Stadt mußte den Herzögen einen weiteren Schuldbrief über 3550 ₰ ausstellen; die Herzöge versprachen, in Bezug auf gewisse Landgüter, welche ihr Hofgericht ihnen zugesprochen hatte, sich dem Urtheil der Stände zu unterwerfen, verlangten aber auch, daß ihnen von Seiten der Stadt die Besitztitel gewisser anderer Landgüter und Mühlen nachgewiesen würden, auf welche sie Anspruch zu haben vermeinten.

Im Jahre 1493 suchte der Rath am 26. Juni um die Erlaubniß zur Wiedereinführung der Accise nach; am 1. Juli wurde er von den Herzögen wiederum abschläglich beschieden.

Gegen Ende des Jahres 1494 war der Rath zur Erneuerung des Kampfes entschlossen. Rostocker Bürger, die sich in Klagesachen gegen ihre Mitbürger wegen Forderungen aus Landgütern vom Rath verunrechtet oder widerrechtlich hingehalten glaubten, wandten sich an die Herzöge mit der Bitte um Rechtshülfe, und die Herzöge forderten, weil es sich um Lehngüter handle, die verklagten Bürger trotz des Privilegs von 1462 vor ihr Hofgericht, veranlaßten auch die Kläger, ihnen ihre Ansprüche gegen eine Entschädigung abzutreten. Der Rath strafte ein solches Vorgehen der Bürger mit Stadtverweisung; die Herzöge meinten, ihnen den Aufenthalt in Rostock durch Ertheilung von Geleitsbriefen erzwingen zu können. Am 21. December traten Rath und Bürgerschaft zusammen; der Rath erklärte, da die Privilegien der Stadt von den Herzögen nicht gehalten würden, so wäre er gesonnen, Leib und Gut an die Aufrechthaltung derselben zu setzen; die Bürgerschaft antwortete zweifelsohne zustimmend. Nun wurde sowohl die Orbör, wie auch die jährliche Abschlagszahlung von 1000 Gulden auf den Schuldbrief vom

2. Februar und von 1000 ℳ auf den Schuldbrief vom
6. December 1492 zurückgehalten, und am 6. Januar 1495
appellirten die acht Bürgermeister für sich und alle Ein=
wohner wegen Verletzung des Privilegs von 1462 an das
Reichskammergericht.

Die Herzöge wandten sich mit einem Schreiben vom
3. Januar unmittelbar an die Bürgerschaft. Sie hätten
erfahren, heißt es hier, daß die Anführer des Rathes,
uneingedenk dessen, daß die Herzöge sie vormals, wie die
Henne ihre Küchlein, unter ihre Flügel genommen, sie
hinterrücks verleumdeten, gegen sie konspirirten und die
Bürgerschaft wider sie aufreizten; kein Privilegium der
Stadt wäre von ihnen verletzt worden, sondern sie hätten nur
eines Bürgers Eler Lange, der sich bei ihnen über die
Rechtsverzögerung des Rathes beschwert hätte, sich ange=
nommen, zumal da es sich dabei um Güter gehandelt, die
außerhalb der Stadt lägen und von ihnen zu Lehn gingen;
auch für Michel Göldenitz, Peter Hagemeister, Hans
Katzow und Klaus Hagemeister hätten sie sich deren Wunsch
gemäß verwandt und von ihnen die Abtretung ihrer An=
sprüche als die Landesherren entgegengenommen; Zuflucht
bei den Herzögen zu suchen wäre altes Herkommen: in
früheren Zeiten (1427) hätten es Heinrich Buck, Heinrich
Katzow und Johann Kröpelin gethan, in neueren Zeiten
(1487) Barthold Kerckhof, Arnt Hasselbeck, Heinrich Preen,
Johann Wilken und Heinrich Kron; wenn die Anführer
des Rathes jetzt anders darüber urtheilten, so geschähe es
nur, weil die Herzöge nicht zugeben wollten, daß die
Bürgerschaft mit der Accise und andern Neuerungen be=
schwert würde; sie wollten wiederum Zwietracht zwischen den
Herzögen und der Bürgerschaft erregen, wie sie es früher
wegen des Domstiftes gethan hätten, denn damals hätten

sie, wie gesagt würde, sich selbst dahin geäußert, sie ihrerseits wären freilich für den Dom, wenn aber die Gemeinde ihn haben wollte, so würden sie ihr darin nicht zu Willen sein. Diese letzte gegen Bartholb Kerckhof gerichtete Wendung ließ, wie es scheint, den Pfeil von seinem eigentlichen Ziel abirren oder ermöglichte es doch, ihn unschädlich zu machen. Bartholb Kerckhof begab sich zu den Herzögen nach Güstrow und unterstellte am 29. Januar für sich, Johann Wilde, Lambrecht Kröpelin, Engelbrecht Grönenhagen, Hermann Waren, Thibeke Kerckhof, Albrecht Bröker, Dietrich Wilde und Laurentius Burmeister ihre Privatstreitigkeiten mit den Herzögen einer gütlichen Verhandlung und eventuell der richterlichen Entscheidung der Stände. Die Herzöge hielten diese Nachgiebigkeit in Privatangelegenheiten für ein Zugeständniß der Stadt. Am 30. Januar begehrten sie, daß der Rath die ausgewiesenen Bürger Hans Garsmann, Eler Lange, Hans Katzow, Michel Goldevisse, Peter und Klaus Hagemeister ihres Geleites genießen lasse, da sie ihnen eventuell gestatten müßten, die Bürger Rostocks in ihren Landen zu arrestiren; auch meinten sie bezüglich der Bede, die ihnen wegen der auf dem Reichstage zu Worms bei König Maximilian nachzusuchenden Belehnung von den zu Güstrow versammelten Ständen bewilligt worden war, sich einer Betheiligung Rostocks versehen zu dürfen, wenngleich sie wegen der zwischen ihnen und Bartholb Kerckhof, Johann Wilde, Lambrecht Kröpelin und Hermann Waren obwaltenden Irrung die Stadt zu diesem Beschlusse nicht hinzugezogen hätten.

Den Widerstand, den die Stadt leistete, glaubten die Herzöge durch persönliche Anwesenheit in Rostock brechen zu können. Am 5. März kamen aber drei Abgeordnete des Rathes zu ihnen, um sich wegen des zwischen ihnen und der Stadt herrschenden Streites ihren Besuch zu verbitten, bis derselbe durch eine Vermittelung der wendischen Städte beigelegt sein würde. Die Herzöge erwiderte ihnen, einer Zusammenkunft mit den wendischen Städten bedürfe es nicht; sie befänden sich nicht mit Rostock in Streit, sondern hätten nur Zwistigkeiten mit einigen Bürgern, die vor den ordentlichen Richtern anhängig gemacht wären und um deren willen sie ihre Stadt nicht meiden wollten. Am 17. März trafen sie mit 53 Pferden vor Rostock ein; die Stadt verschloß ihnen ihre Thore.

Die Herzöge bemächtigten sich Warnemündes, arrestirten die Rostockischen Schiffe und verboten Einfuhr und Ausfuhr. Einer Gesandtschaft des Rathes, die aus Dr. Hermann Meyer, Balthasar Jenderick und Bartholb Hiltermann bestand, antworteten sie am 26. März, sie würden am folgenden Tage Morgens 9 Uhr vor dem Kröpeliner Thore dem Rath und der Gemeinde mündlich ihre Antwort ertheilen.

Die Nachricht von dem Wiederausbruch des Kampfes bewog die wendischen Städte zu schneller Vermittelung. Von Hamburg und Lüneburg bevollmächtigt trafen Rathssendeboten Lübecks, Stralsunds und Wismars mit den beiden Parteien in Parkentin zusammen. Am 10. April wurde ein Stillstand bis zum 17. Mai geschlossen; die Herzöge sollten Warnemünde nicht weiter befestigen, Rostock sollte keinen Angriff auf dasselbe unternehmen, der Verkehr wieder freigegeben und die Rostockischen Schiffe sollten gegen Bürgschaft ihres Arrestes entschlagen werden. Drei Abgeordnete der Herzöge und der Lübische Rathssekretär begleiteten die vier Sendeboten des Rathes nach Rostock, wo der auf dem Rathhause versammelte Rath diesen Stillstand genehmigte.

Ein auf den 10. Mai nach Wismar anberaumter Tag mußte wegen der Abreise des Herzogs Magnus zum Wormser Reichstage verschoben werden. Am 15. Juli empfing der Herzog für sich und seinen Bruder die Reichs= belehnung; am 26. befahl König Maximilian dem Rostocker Rath, seinen Erbherren, denen er die Thore verschlossen und gegen deren Willen er eine Accise eingeführt, nicht länger widersetzlich zu sein und sich jeglichen Angriffs auf Warnemünde zu enthalten; an demselben Tage verbot er dem Rathe zu Lübeck, Rostock gegen dessen Erbherren Hülfe zu leisten.

Am 21. August in Mecklenburg wieder angelangt, machte Herzog Magnus mit seinem Bruder schon am fol= genden Tage den wendischen Städten den Vorschlag, zu dem verabredeten Tage wegen der dort herrschenden Sterb= lichkeit nicht in Wismar, sondern in Sternberg am 21. September zusammenzukommen. Die Städte lehnten diesen Vorschlag ab und bestanden auf Wismar als Ort der Zusammenkunft. Am 5. October benachrichtigten die Herzöge Lübeck, daß sie mit Rostock über einen Tag, am 17. November zu Wismar, einig geworden wären, inzwischen aber wegen Rostocks Weigerung, jene zurückgehaltenen Zahlungen zu leisten, die Einfuhr und Ausfuhr von Neuem verboten hätten.

Die Zusammenkunft vom 17. November verlief fruchtlos. Die Herzöge verlangten vor Allem die Auskehrung der rückständigen Zahlungen; die Sendeboten Rostocks erklärten, dazu nicht ermächtigt zu sein. Am 19. November stellten die Herzöge einen neuen Geleitsbrief aus, damit die

Sendeboten mit dem Rath deshalb Rücksprache nehmen könnten; der Rath beharrte aber bei seiner Weigerung.

Unter Vermittelung der beiden Herzoginnen Sophie und Margarethe, der Gemahlinnen der Herzöge Magnus und Balthasar, wurden die abgebrochenen Verhandlungen wieder aufgenommen. Zufolge eines Vergleichsentwurfs vom 29. November sollten die Herzöge Warnemünde den Ständen zu getreuer Hand übergeben, Rostock aber den Herzögen die rückständigen Zahlungen leisten, die ausgewiesenen Bürger wieder aufnehmen und sich wegen der Bürger-Landgüter der Entscheidung der zum 4. Februar nach Schwerin, Wismar oder Güstrow zu berufenden Stände unterwerfen. Nachdem dieser Entwurf von Rostock abgelehnt worden war, kam am 7. December ein billigerer Vergleich zu Stande: Die Herzöge geben Warnemünde und die in Besitz genommenen Landgüter an Rostock zurück und Rostock gestattet den ausgewiesenen Bürgern die Rückkehr; während des bis Pfingsten (Mai 22) geschlossenen Friedens soll wegen der Bürger-Landgüter zunächst ein freundschaftlicher Ausgleich versucht werden, eventuell aber sollen die Rostocker vor den nach Wismar, Güstrow oder Schwerin zu berufenden Ständen erscheinen, jedoch unbeschadet ihres durch Privilegien oder Gewohnheit erworbenen Rechtes, nicht außerhalb der Stadt vor Gericht gezogen werden zu können.

Daß in diesem Vertrage der rückständigen Zahlungen mit keinem Worte gedacht ward, geschah wohl in Anerkennung der Thatsache, daß die Stadt mit den bisherigen Einnahmen ihren Verpflichtungen nicht nachzukommen vermochte. Am 28. Februar 1496 ertheilten die Herzöge den zu ihnen nach Doberan gekommenen Abgeordneten des Rathes, drei Bürgermeistern und sechs Rathmannen, die bisher verweigerte Erlaubniß zur Erhebung einer Bier-Accise: da die Stadt in Schulden gerathen wäre und nicht die Mittel besäße, den Hafen und das Neue Tief vor gänzlichem Verfall zu bewahren, so sollte ihr für die Zeit-dauer von 20 Jahren gestattet sein, von jeder Tonne Bier, die in öffentlichen Krügen, in Schüttingen oder anderswo ausgezapft würde, 4 Schilling Sundisch zu erheben; nicht unterliegen sollte dieser Auflage alles Bier, das von den Bürgern in ihren Haushaltungen, von den Geistlichen und den Mitgliedern der Universität in ihren Kollatien, Kolle-gien und Regentien, von den Abligen, Kaufleuten und sonstigen Reisenden in ihren Herbergen verbraucht, sowie auch alles dasjenige, welches in Rostock gekauft und nach andern mecklenburgischen Orten ausgeführt würde. Durch einen den Herzögen ausgestellten Revers verpflichtete sich die Stadt, ohne Vorwissen und Genehmigung derselben den Zeitraum von 20 Jahren nicht zu überschreiten.

Die in dem Vergleich vom 7. December 1495 be-stimmte Friedenszeit verstrich, ohne daß es zu einem Aus-gleich wegen der Bürger-Landgüter gekommen wäre; wie es scheint, war auch die Bedingung der Zurückgabe der von den Herzögen in Besitz genommenen Landgüter nicht erfüllt worden. Am 27. Februar 1497 luden nun die zum Gericht verordneten Stände Bartholb Kerckhof und 14 andere Personen, welche auf die nachgelassenen Güter Lambrecht Kröpelins und Thibeke Kerckhofs An-spruch zu haben vermeinten, in Gemäßheit der Verträge vom 10. April und vom 7. December 1495 zu einem Rechtstag nach Güstrow zum 17. April. Als dieser Ladung keine Folge gegeben wurde, erfolgte eine neue Citation vom 18. Mai. Die Stadt appellirte dagegen wieder an das Reichskammergericht.

Am 2. September befahlen die Herzöge dem Rath, daß er die Accise wieder abstelle, denn dieselbe sei der Stadt nur zur Abtragung ihrer Schulden, in die sie durch Bartholb Kerckhof gestürzt sei, und in der Meinung, daß die Bürgerschaft damit einverstanden sei, bewilligt worden; jetzt aber stelle sich heraus, daß die Bürgerschaft sich über diese Beschwer beklage, und daß das Geld dazu gebraucht werde, Berthold Kerckhof und andere Gegner der Herzöge in ihrem Widerstande zu bestärken; eventuell würden sie sich genöthigt sehen, den Rostockern den Besuch der mecklenburgischen Jahrmärkte zu verbieten. Ein Schreiben des Raths mit der Bitte um Geleit zu einer mündlichen Besprechung ward am 13. September ablehnend beschieden: wegen der Accise wären weitere Verhandlungen überflüssig; wollte aber etwa der Rath wegen seiner Appellation an das Reichskammergericht mit ihnen reden, so ständen sie deshalb schon mit Herren und Freunden in Berathung. Trotz dieser Drohungen hielt aber der Rath die Accise aufrecht und ließ sich auch durch ein Schreiben der zu Schwerin versammelten Stände vom 28. Mai 1498 darin nicht irre machen.

Am 25. November 1498 wurden endlich diese Zwistigkeiten beigelegt: die Herzöge verpflichteten sich zur Zurückgabe der weggenommenen Landgüter; die Streitigkeiten wegen der nachgelassenen Güter Lambrecht Kröpelins und wegen der von der Familie Tulendorf verpfändeten Güter sollten Schiedsrichter, die von beiden Seiten erwählt würden, entscheiden; das Privileg von 1462 sollte in Gültigkeit bleiben, von den Rostockern aber nicht zur Schädigung der obrigkeitlichen Rechte der Herzöge gemißbraucht werden; auch die Gerichtsbarkeit und das Münzrecht Rostocks wurden anerkannt; die Stadt mußte dagegen sich anheischig machen, den Herzögen weitere 8000 Gulden, jedoch erst nach der vollständigen Abtragung jener 21 000 Gulden, zu bezahlen, sowie auch sich mit ihnen — der Verschließung der Thore halber — wegen einer Abbitte zu verständigen; die Ansprüche bezüglich der Kaiserbede (von 1495) sollten für diesmal mittels der versprochenen Summe abgefunden sein.

Im Jahre 1500 brachen nochmals Mißhelligkeiten aus. Bisher war die Stadt, deren Bedefreiheit für das Stadtgebiet innerhalb der Zingeln von den Herzögen am 15. August 1482 ausdrücklich anerkannt worden war, nur zu den sogenannten Kaiserbeden hinzugezogen worden; die Stadt hatte Widerspruch dagegen erhoben, dann aber doch thatsächlich nachgegeben. Jetzt verlangten die Herzöge auch ihre Betheiligung an der Fräuleinsteuer, die von den Ständen zur Aussteuer der sich verheirathenden Prinzessinnen in der Form einer Landbede bewilligt wurde. Von den Töchtern des Herzog Magnus war die älteste, Dorothea, seit dem 24. Februar 1498 Aebtissin zu Ribnitz; die zweite, Sophia, wurde am 1. März 1500 mit Herzog Johann dem Beständigen von Sachsen vermählt. Am 12. Juni forderten die Herzöge, daß Rostock, wie es bei den Kaiser= beden gethan, auch zu der Fräuleinsteuer 2500 ₰ beitrage. Am 20. Oktober vermählte sich die dritte Tochter des Herzogs, Anna, mit Landgraf Wilhelm II von Hessen= Kassel; von der Stadt wurde deshalb die Zahlung weiterer 2500 ₰ verlangt. Wiederum sträubte sich die Stadt gegen diese Anforderungen, wiederum meinte sie, thatsächlich nachgeben zu müssen. Am 1. Februar 1501 antworteten ihr die Herzöge, ihre Berufung auf ihr altes Herkommen sei ihnen befremdlich, denn wie alle andern Prälaten, Mannen und Städte sei auch Rostock ihnen unterthan und ihnen zur Hülfe in allen ihren Nöthen verpflichtet; am 8. Mai entgegneten sie ihr, aus ihrem Schreiben erhelle, daß sie gesonnen sei, zu dem alten Frevel zurückzukehren, sie, die Herzöge, aber seien bereit, ihre Räthe entscheiden zu lassen. Am 16. November erbot sich die Stadt, trotzdem sie über Menschengedenken hinaus niemals mit einer solchen oder ähnlichen Auflage beschwert worden sei, zu einer freiwilligen Erkenntlichkeit von 6000 ₰ Sundisch, doch unbeschadet ihren Privilegien; am 19. November erklärten sich die Herzöge damit einverstanden; laut Quittungen vom 17. August 1502, 13. Juni und 9. December 1503 wurde die Zahlung in Raten von 1000, 700 und 300 Gulden geleistet.

Diesen letztgenannten Termin erlebte Herzog Magnus nicht mehr; am 20. November war er, wie es scheint an den Pocken, gestorben. Einer der bedeutendsten Regenten Mecklenburgs, war er freilich keine groß angelegte Natur, aber ein Mann, der seine Zeit verstand, seiner Ziele sich bewußt war, zäh an ihnen festhielt und sie rücksichtslos verfolgte. Auf Rostock hat seine harte Hand schwer gelegen: daß die Stadt sie nicht nachhaltig abzuschütteln vermochte, war durch ihre innere Zerrissenheit, für die man gerechter Weise Rath und Bürgerschaft ebenmäßig verantwortlich machen muß, verschuldet worden und mußte verhängnißvoll werden für den weiteren Gang ihrer Entwickelung.

Drittes Buch. Kirchliche Verhältnisse.

26. Das Bisthum Schwerin und das Archidiakonat Rostock.

In kirchlicher Beziehung gehörte Rostock zum Bisthum Schwerin und zum Erzbisthum Bremen. Mitglieder der herzoglichen Familie wurden dem Bisthum während des Mittelalters nur dreimal vorgesetzt: zuerst Rudolf von Mecklenburg-Stargard, vorher Bischof von Skara, 1390 bis 1415; darauf Balthasar von Mecklenburg-Schwerin 1474—1479, der in dem letzteren Jahre resignirte und in den weltlichen Stand zurücktrat; dann Magnus von Mecklenburg-Schwerin, Sohn Herzog Heinrichs V, zum Bischof erwählt am 21. Juni 1516, als er noch nicht voll sieben Jahre alt war. Da Herzog Magnus die selbstständige Regierung seines Bisthums erst am 16. September 1532 übernahm, so fungirten in der Zwischenzeit für ihn als Weihbischof Dietrich Hüls, Titular-Bischof von Sebaste, und als Administrator erst der Domdechant Dr. Zütphelb Wardenberg 1517—1521, dann der Propst Heinrich Bantschow († 1540) und der Senior Dr. Ulrich Malchow († 1529).

Innerhalb des Bisthums bildete das Land Rostock ein eigenes Archidiakonat, das von Alters her mit der Propstei Bützow verbunden war. Am 1. Januar 1270, als Bischof Hermann von Schwerin diese Verbindung beurkundete, umfaßte dasselbe außer den Kirchen in der Stadt selbst 25 Kirchen im Lande. Zu Anfang des 14. Jahrhunderts waren Archidiakonat und Präpositur.

von einander getrennt, wurden aber von Bischof Gottfried von Schwerin am 17. October 1310 aufs Neue vereinigt. Im Jahre 1288 wurde Vollrath von Krempe, der Propst von Bützow, als Archibiakonus in Rostock bezeichnet; im 15. Jahrhundert war Dr. Heinrich Bentzin Propst und Archibiakonus, im 16. der Schweriner Domdechant und Administrator des Bisthums Dr. Zütphelb Wardenberg 1520—1521 und Magister Detlev Danquardi 1523 bis 1556.

Ein in Rostock ansässiger Stellvertreter des Archibiakonus hieß der Official des Archibiakonats, wurde aber auch Vicepropst und selbst Propst genannt. Daraus erklärt es sich, wenn Amilius, der Kirchherr von St. Marien, in den Jahren 1252—1264 mit dem Titel Präpositus vorkommt. Im 14. Jahrhundert waren Johann Lise 1316—1319, Johann von Wunstorf 1332—1345 und Heinrich von Dame 1347 in dieser Stellung; im 15. Dietrich Meynesti 1445 und Professor Joachim Päpke 1494; im 16. Dr. Peter Boye 1509 und Magister Detlev Danquardi 1517—1523.

Im Unterschiede von diesem Official des Archibiakonats, dessen Amt in der Kürze als dasjenige eines stellvertretenden Richters charakterisirt werden kann, hatte der Official des Bischofs von Schwerin, der General-Official, wie er auch genannt wird, mehr die Befugnisse eines Verwaltungsbeamten. In diesem Amte standen im 14. Jahrhundert Johann von Hameln 1339, Dietrich Möller, Propst des heil. Kreuz-Klosters 1350 und 1351; im 15. Johann Weldern 1424, Hermann Witte 1437, Nikolaus Kysow 1464 und 1472, Otto Bockholt 1471; im 16. Joachim Michaelis 1505—1535, Dr. Peter Boye 1539 und Joachim Landriber 1541.

27. Das Domkapitel.

Die Präbenden oder Pfründen des Domkapitels standen von Anfang an mit der Universität in losester Verbindung und scheinen, von den von ihr selbst botirten Präbenden natürlich abgesehen, nur geringen Nutzen für sie gehabt zu haben. Die Präpositur hatten inne: Thomas Rode, früher herzoglicher Kanzler, 1487, Reiner Holloger 1491—1499 und Nikolaus Francke. Die Dekanei war besetzt mit Heinrich Bentzin, herzoglichem Rath, 1487, Johann Tegeler von Waltershausen, herzoglichem Kanzler, 1491—1499, Johann von Greben 1499—1501, Dr. Heinrich Böger 1501—1506 und Dr. Barthold Moller 1508—1530. Die Kantorei bekleideten: Johann Thun 1487—1504, hernach Bischof von Schwerin, Brandan von Schöneich, herzoglicher Kanzler, 1504—1507, Heinrich Bergmeier, herzoglicher Hofrath, 1511 Bischof von Ratze- burg, 1507—1515; Dr. Rembert Gilzheim, herzoglicher Leibarzt, 1515—1521; nach Gilzheims Resignation stritten sich um die Einkünfte Johann Mues, Propst zu Ratzeburg, präsentirt von Herzog Albrecht, Antonius von Preen, präsentirt von Herzog Heinrich, und Dr. Joachim Plate, Propst zu Kolberg. Die Besitzer der Scholasterei waren Laurentius Stoltenborch 1487—1503 und Johann Katte († 1542). Die vier andern Präbenden waren 1487 ver- liehen worden an Johann Goldenbow, Dr. Hinrich Marin, Dr. Johann Mielke und Mag. Peter Bentzin. Die ersten Besitzer der vier Universitätspräbenden waren seit 1494 Dr. Liborius Meyer, Dr. Thomas Weert, Balthasar Jenderick und Johann Berchmann. Eine 1501 von den Herzögen gestiftete Präbende wurde dem Dr. Heinrich Böger verliehen und von diesem sofort an Johann von Greben vertauscht.

Einer Aufzeichnung von etwa 1534 zufolge waren damals 15 Präbenden vorhanden. Von den vier ersten Präbenden war nur die Scholasterei mit Johann Katte besetzt; die Präpositur war durch den Tod des Mag. Nikolaus Francke, die Dekanei durch den Tod des Bartholb Moller (1530), die Kantorei seit längerer Zeit erledigt. Die Besitzer der vier andern Präbenden hatten inne: Konrad Pegel seit 1517, Johann Smit, Küchenmeister zu Boizenburg, seit 1531, Peter Sternberg seit 1533 und Mag. Johann Lindberg. Die vier von der Universität gestifteten Präbenden hatten inne: Mag. Johann Timme seit 1531, Mag. Joachim Konrabi seit 1528, Mag. Johann Lütkens seit 1526 und Dr. Peter Boye. Von den drei letzten Präbenden besaß die 1501 gestiftete Jürgen Gast seit 1505, die zweite Antonius Schröber, Kirchherr zu Parchim, seit 1507; die dritte war erledigt durch den Tod des Joachim Helmes.

Im Jahre 1552 bildeten das Domkapitel der Vice-dechant und Thesaurarius Detlev Danquardi, Konrad Pegel, der Senior Johann Lindberg, Timmes Nachfolger Mag. Lambert Tafel, Lütkens' Nachfolger Nikolaus Gribbenitz, Mag. Bernhard Mensing, Nachfolger des Mag. Andreas Eggerbes (immatrikulirt 1524, Professor 1532, gestorben 1550), und Arnold Bernow. Im Jahre 1557 werden genannt: Propst Dr. Kaspar Hoyer, Vicedechant Dr. Johann Bemerke, Nachfolger des Detlev Danquardi, Konrad Pegel, Johann Lindberg, Lambert Tafel, Nikolaus Gribbenitz, Bernhard Mensing und Bernows Nachfolger Joachim Korbes. Von diesen allen war 1565 Konrad Pegel allein übrig; am 21. December wurde der herzogliche Sekretär Johann Molinus zum Domherrn ernannt; am 15. Mai 1567 traten Pegel und Molinus alles Eigen-

thum des Domkapitels an die Herzöge ab, und diese dotirten
mit demselben am 8. Februar 1571 das neu eingerichtete
Landes=Konsistorium. Pegel starb am 13. November 1567,
Molinus erst am 3. August 1610.

28. Die Pfarrkirchen.

Die vier Pfarrkirchen Rostocks waren seit der Errich=
tung des Domstifts im Besitz der vier Würdenträger des
Kapitels, die jedoch verpflichtet waren, einen Kaplan und
einen Schulmeister aus ihren Einkünften zu unterhalten.
Die Pfarrei der Petrikirche war mit dem Dorfe Papen=
dorf dotirt, welches ihr die Fürstin Agnes und ihr Sohn
Nikolaus das Kind von Rostock am 1. October 1286 und
Fürst Heinrich von Mecklenburg am 8. März 1323 be=
stätigt hatten; die Pfarrei der Jakobikirche besaß 1298
zwei Hufen in Bargeshagen.

Verschieden von dem Pfarreigut war das Kirchengut,
welches vornehmlich aus der Kirche, dem Kirchhof, der
Kirchherrnwohnung oder Wedem, der Schule und etwa
einem Ziegelhof bestand. Die drei Kirchen St. Petri, St.
Marien und St. Jakobi kommen 1252 neben einander
vor, während die Nikolaikirche sich erst 1260 nachweisen
läßt. Die Wedem von St. Nikolai findet sich 1300, die
Wedem von St. Marien 1314. Schulen werden genannt
zu St. Marien 1260, zu St. Jakobi 1270, zu St. Nikolai
1293; das Patronatsrecht der Marienschule wurde dem
Rath am 8. Juni 1337 von Fürst Albrecht von Mecklen=
burg geschenkt. Die Marienkirche, welche einen Ziegelhof
am Mühlendamm unweit des Mühlenthors besessen hatte,
erhielt 1270 vom Rath die Erlaubniß, einen neuen
Ziegelhof von der gleichen Größe anzulegen; St. Jakobi
erwarb 1280 einen Ziegelhof vor dem Bramowschen Thor.

Das Kirchenvermögen stand unter der Aufsicht mehrerer Kirchenvorsteher oder Juraten, von denen gewöhnlich zwei die Verwaltung hatten. Kirchen-Juraten von St. Marien kommen anscheinend schon 1263, sicher 1270 vor, von St. Petri 1293, von St. Nikolai 1298, von St. Jakobi 1307. Mehrfach wird bei ihren Rechtsgeschäften einer Zustimmung der Eingepfarrten Erwähnung gethan: zu St. Petri 1302, zu St. Marien 1327, 1330, 1339, 1341; zu St. Jakobi treten einmal (1292) die Eingepfarrten scheinbar selbstständig, sicher aber nur mittels einer Vertretung durch ihre Kirchen-Juraten auf.

Außer dem Hauptaltar hatte jede Kirche eine Reihe von Nebenaltären, die an den Pfeilern angebracht oder in besonderen Kapellen errichtet worden waren. Nach einer Nachricht Nikolaus Gryses waren zu St. Marien 39 Altäre vorhanden, zu St. Jakobi 30, zu St. Nikolai 18 und zu St. Petri 15; in den Klöstern waren zu St. Johannis 20, zu St. Katharinen 19, zum heil. Kreuz 13, zu St. Michaelis 7 und zu Klein-Doberan 1; in den Hospitälern zum heil. Geist 8, zu St. Georg 7, zu St. Gertrud 4 und zu St. Lazarus 1: zusammen also gab es, abgesehen von den Privat-Altären in den Häusern und für die Hausgenossen der Vornehmen, 182 für den Gottesdienst bestimmte Altäre. Zur Vergleichung mag dienen, daß zu Stralsund 207 Altäre aufgezählt werden.

Mit diesen Altären waren geistliche Lehen, gewöhnlich Vikarieen genannt, verbunden, deren Besitzer, die Vikare, zu bestimmten gottesdienstlichen Handlungen verpflichtet waren. Gestiftet waren die Vikarieen größtentheils von einzelnen Privatleuten oder sogenannten Brüderschaften, denen regelmäßig auf bestimmte oder immerwährende Zeiten das Patronatsrecht zustand. Die Herzöge besaßen das

Patronatsrecht zu St. Petri an einer, zu St. Marien an zwei, zu St. Jakobi aber an sechs Vikarieen und außerdem noch an vier für den dortigen Horen= oder Marien=Zeiten= Dienst von Ritter Mathias Axekow gestifteten Lehen. Die im Jahre 1309 zu St. Nikolai erwähnten Tibeherren sind wohl ebenfalls für die Patrone eines Marien=Zeiten=Dienstes zu halten.

29. Der Kaland.

Unter den kirchlichen Brüderschaften ragten diejenigen des Kalands besonders hervor. Wie alle übrigen, so hatten auch die Kalands=Brüderschaften die Aufgabe, für das Seelenheil ihrer verstorbenen Mitbrüder durch Seelmessen und sogenannte Memorien zu sorgen; ihren Namen hatten sie davon, daß sie ursprünglich am ersten Tage jedes Mo= nats, an den Kalenden, zusammenkamen; mit diesen Zu= sammenkünften, die zunächst einen geschäftlichen Zweck hatten, war regelmäßig ein gemeinsames Mahl, eine Kollation, verbunden; ein eigenes Haus, in dem die Kollation statt= fand, hieß das Kollatienhaus oder die Pfaffenkollatie. Dem Großen Kaland oder Herren=Kaland gehörten ur= sprünglich sämmtliche Kirchherren des Archidiakonats Rostock an; aber auch Bürgermeister und Rathmannen und selbst die Landesherren waren Mitglieder desselben. Im Jahre 1279 vermachte Gerlach von Kocsfeld allen Kirchherren der Herrschaft Rostock, die ihn in ihre Brüderschaft auf= genommen hatten, 30 Mark, deren Rente zu den Unkosten ihrer Zusammenkünfte verwandt werden und für die sie seine Memorie in der gleichen Weise, wie diejenige eines Priesterbruders, begehen sollten. Von einem Verbot, welches der Rath gegen den Eintritt der Bürger und Bürgerinnen in Vereinigungen, welche unter dem Namen Brüderschaft,

Schwesterschaft, Gilde, Kaland oder Gral zweimal jährlich
unter Beobachtung geistlicher Formen zusammen kamen,
im Jahre 1367 erließ, war allein der Große Kaland aus=
genommen.. Auf den Wunsch des Rathes wurde in ent=
sprechender Weise auch den Geistlichen in der Stadt Rostock von
Bischof Friedrich im Jahre 1367 und von Bischof Heinrich
im Jahre 1421 die Aufnahme von Laien in ihre anderweitigen
Brüderschaften verboten. In späterer Zeit bestand neben
dem Herren=Kaland ein Elenden=Kaland, vermuthlich eine
Vereinigung von Priestern und Nicht=Bürgern, die auf das
Seelenheil der in Rostock verstorbenen Fremden bedacht war:
1478 veräußerten der Herren=Kaland und der Elenden=Kaland
eine ihnen gemeinsam zustehende Rente, und 1522 vermachte
Bürgermeister Arnd Hasselbeck dem Herren=Kaland und dem
Elenden=Kaland je 100 Mark Sundisch. Der Herren=Kaland
stand mit verschiedenen Kirchen in besonderer Beziehung
und scheint demgemäß sowohl nach diesen Kirchen, als auch
nach den in demselben von ihm übernommenen Aufgaben
oder erworbenen Altären, verschieden bezeichnet worden zu
sein. In der Marienkirche wurde 1343 von den Testa=
mentsvollstreckern des Priesters Johann von Röre eine
Vikarie für den Großen- Kaland gestiftet; 1469 gehörte
eine Rente den sämmtlichen Herren und Priestern des heil.
Leichnams=Kaland zu St. Marien. In der Johanniskirche
erwarben die Brüder und Schwestern des Kalands U.=L.=
Frauen, St. Johannis und aller Heiligen 1348 einen
Seelmessen=Altar mit dem Recht, zweimal jährlich, am
Dienstag nach Neujahr und am Dienstag nach Johannis,
ihren Kaland in der Kirche zu halten. An der Jakobi=
kirche waren zwei Kalande vorhanden, der heil. Leichnams=
Kaland und der St. Jakobi=Kaland: 1480 wurde eine
Rente von Arnold Bolte, dem Dechanten dieser beiden

Kalande, verkauft; 1524 aber ward ein Wohnhaus den
Kalandsherren zu St. Jakobi zugeschrieben; vermuthlich
war der eine dieser Kalande ein die Laien ausschließender
Priester=Kaland. Auch zu St. Nikolai muß ein Kaland
bestanden haben, denn im Jahre 1532 gab die Priester=
schaft der Kalande zu St. Jakobi, St. Marien und St.
Nikolai ihre Einwilligung dazu, daß die Einkünfte ihrer
Kalande hinfort zur Besoldung der Kirchen= und Schuldiener
verwandt würden.

30. Die Hospitäler und die Gertrudenkapelle.

Das Hospital zum heil. Geist, ursprünglich in der
Altstadt belegen, wird 1260 zuerst genannt. Im Jahre
1261 schenkte ihm Gertrud, Wittwe des Rathsherrn
Symer, 100 Mark, damit davon ein Altar errichtet und
ein Meßpriester besoldet werden könnte. Die Verlegung in
die Neustadt wird 1281 geschehen sein. Um die Mittel
zu einem Neubau zu gewinnen, hatte sich 1274 ein Bürger
Rostocks, vermuthlich einer der Vorsteher, zu der damals
von Papst Gregor X zusammenberufenen Kirchenversamm=
lung zu Lyon begeben und von 14 der dort anwesenden
Erzbischöfe und Bischöfe für diejenigen, welche den ange=
fangenen Bau des Spitals unterstützen würden, je 40 Tage
Ablaß erlangt. 1281 löste Bischof Hermann von Schwerin
das neugegründete Hospital aus dem Pfarreiverbande von
St. Jakobi und gestattete ihm, in seiner Kapelle einen
eigenen Geistlichen zu halten und seine Todten auf einem
eigenen Kirchhof zu bestatten. Nach einem Ablaßbrief, den
das Hospital am 11. Juni 1297 erhielt, war dasselbe
damals vor Kurzem von Brandunglück betroffen worden
und völlig ausgebrannt. — Das Hospital war ein Gast=
und Siechenhaus für Auswärtige, in welchem, wie es etwa

1350 heißt, kranke Elende geherbergt und gespeist, von Unge-
ziefer gereinigt und von andern Beschwerden befreit
wurden. Diese Werke der Barmherzigkeit verrichtete die
Brüderschaft zum heil. Geist, deren Brüder und Schwestern
im Hospital wohnten und beköstigt wurden oder doch das
Recht auf Wohnung und Beköstigung in demselben geltend
machen konnten. Solche Berechtigung hieß eine Präbende,
und man erwarb sie entweder dadurch, daß man — in der
Regel durch ein größeres Geschenk — die Verleihung der
vollen Brüderschaft erlangte, oder durch die Zahlung eines
Kaufpreises, beziehentlich eines Eintrittsgeldes. Die Leitung
des Hauswesens war einem Hofmeister übertragen; die
Aufsicht führten unter Oberaufsicht des Rathes zwei Vorsteher. Das Patronatsrecht der Kirche stand dem Rathe
zu, der (1284) das Gehalt und die Amtspflichten des
Priesters bestimmte und denselben (1324) dem Propst von
Bützow als Archidiakonus von Rostock präsentirte. — Ein
Siechenhaus zu Rövershagen, dessen Insassen 1522 Bürgermeister Arnd Hasselbeck eine kleine Gabe bestimmte,
wird eine Art Zweiganstalt des heil. Geist-Hospitals gewesen sein.

Das St. Georgs-Hospital, außerhalb des Steinthors
belegen, wird 1260 als Hospital, 1268 als St. Georg in
letztwilligen Verfügungen erwähnt. Es war, als Leprosen-
Hospital (1279) oder Leprosorium (1299), für die Aus-
sätzigen bestimmt, die man wohl aus Furcht vor einer ver-
meintlichen Ansteckung von den Gesunden vollständig ab-
sonderte; wer etwas Vermögen hatte, kaufte sich eine Präbende,
Unvermögende wurden unentgeltlich aufgenommen. 1275
wurde ein Bürger zu einer Geldstrafe verurtheilt, weil er sich
geweigert hatte, Almosen für das Hospital zu sammeln. Die
Verwaltung durch einen Hofmeister und zwei Vorsteher war mit

derjenigen des heil. Geist-Hauses übereinstimmend. Die Hospital-Kapelle ward 1278 aus dem Pfarreiverbande von St. Nikolai gelöst; 1490 erlangte Bürgermeister Vicko von Herverden durch mündliche Bitte von Papst Inno= cenz VIII die Erlaubniß, drei Stücke von den Reliquien der zehntausend Märtyrer von Rom nach der St. Georgs= Kirche in Rostock überführen zu dürfen; den Verehrern derselben wurde ein Ablaß von 100 Tagen verheißen.

Das Hospital St. Lazarus vor dem Heringsthore wird 1522 im Testament des Bürgermeisters Arnd Haſſel= beck als das Pockenhaus beim Heringsthore bezeichnet und mit einem Legat von 30 Mark Sundisch bedacht. Ent= standen war es vermuthlich zu Ende des 15. Jahrhunderts, da die Krankheit der schwarzen Pocken oder Blattern den Norddeutschen damals zuerst bekannt geworden zu sein scheint; in Stralsund wurde 1494 der siebenjährige Franz Wessel, der spätere Bürgermeister, von ihr befallen; in Hamburg ward das hier dem St. Hiob geweihte Pocken= haus im Jahre 1505 gegründet.

Die Kapelle St. Gertrud außerhalb des Kröpliner Thors im Kirchspiel St. Jakobi ist hundert Jahre früher errichtet worden. In den Jahren 1394, 1396, 1399 und 1402 wurden Ablaßbriefe zu Gunsten der zu erbauenden Gertruden=Kapelle ausgestellt; im Jahre 1416 bewidmeten drei Gebrüder Wulf eine Vikarie in der Gertruden= Kapelle an dem von ihrem verstorbenen Vetter Gerhard Wulf errichteten Altar. Ungefähr gleichzeitig (1391) wurde in Hamburg eine Gertruden=Kapelle auf dem neuen Kirch= hof erbaut, die im Jahre 1350 durch die furchtbare Seuche des sogenannten großen oder schwarzen Todes nothwendig geworden war und vermuthlich in den Jahren 1387 und 1388, als eine neue Seuche in Ribnitz, Wismar, Lübeck und Hamburg herrschte, wiederum hatte benutzt werden müssen. Die schnelle Verwesung der Leichen, deretwegen der hiesige Gertrudenkirchhof berühmt war, entspricht vollständig der Annahme einer gleichen Entstehungsgeschichte.

Nur durch die gemeinsame Schutzpatronin mit der Gertrudenkirche verwandt war das St. Gertruden-Hospital oder Gasthaus. Im Jahre 1468 kauften die Testamentsvollstrecker des am 2. Februar dieses Jahres verstorbenen Bernd Burmester ein Haus in der Kröpliner Straße und richteten dasselbe zu einem Hospital oder Gasthause für arme Elende und Pilgrime ein, dessen Vorsteher die Aelterleute des Schuhmacher-Amtes sein sollten. Die Zahl der in diesem Hause befindlichen Betten betrug 1469 elf (3 auf der Diele und 8 im Hinterhause), 1490 siebzehn (3 auf der Diele, 2 in der kleinen Kammer und 12 in dem Schlafhause auf dem Hofe). Die Leitung des Hauses besorgte ein Gastmeister; ein anderer Beamter war mit der Einmahnung der Renten betraut; alljährlich wurde vor einem der Bürgermeister von den vier Aelterleuten Rechnung abgelegt.

31. Die Klöster.

Das Katharinen - Kloster war ein Mannskloster des von dem heil. Franciscus, eigentlich Giovanni Bernabone, von Assisi († 1226 Oct. 4) gestifteten Franziskaner- oder Minoriten-Ordens. Leider haben sich die Urkunden dieses ältesten Klosters Rostocks nicht erhalten. Das frühe Vorhandensein des Konvents wird dadurch nachgewiesen, daß der Gardian der Minderbrüder Eilhard schon am 12. September 1243 in einer Urkunde des Fürsten Heinrich Borwin als Zeuge erscheint. Die Kirche der Minoriten kommt 1259, ausdrücklich als St. Katharinen bezeichnet 1260, zuerst vor. Der Konvent gehörte zu der Provinz Sachsen, die 1230 gebildet war und 1521 noch zwölf Kustobieen umfaßte, während sich in diesem Jahre auf dem Provinzial-Kapitel von Neu-Brandenburg sechs Kustobieen absonderten. Lehrer an der Universität waren 1520 die Bakkalaureen der Theologie Prinzipal-Lektor Eberhard Runge und Lektor Franz de Webbewen; ersterer war 1525 und 1526 Bruder-Minister der Provinz Sachsen.

Das Johanniskloster war ein Mannskloster des 1215 vom h. Dominikus gestifteten Dominikanerordens. Ueber seine im Jahre 1256 erfolgte Gründung fehlen alle näheren Nachrichten. Urkundlich erwähnt wird es zuerst im Jahre 1260 und zwar unter der Bezeichnung St. Johannis, die das Vorhandensein einer kleinen, diesem Heiligen geweihten Kirche voraussetzt. Die spätere Klosterkirche wurde am 19. September 1329 von Bischof Johann von Schwerin eingeweiht. — Bis 1303 gehörte der Rostocker Konvent zur Provinz Teutonia, seitdem zu der abgezweigten Provinz Saxonia, die 1305 ihr Provinzialkapitel in Rostock hielt. Im Jahre 1468 gestattete Herzog Heinrich auf die Fürsprache seines Schwagers, des Markgrafen von Brandenburg, zweien Dominikanermönchen von der holländischen Kongregation die Reformation der beiden Klöster zu Rostock und zu Wismar. Am 11. Juni wurde die Reformation zu Wismar vollzogen durch Bruder Albertus Petri, Professor der Theologie, im Auftrage des Bruders Johann ex Curia, Generalvikars der holländischen Kongregation, unter der Autorität des Ordensmeisters Mamertinus Belli, in Gegenwart der Bischöfe Werner von Schwerin und Johann von Ratzeburg. Am 12. Juni benachrichtigte Herzog Heinrich den Rostocker Rath, daß Bischof Werner von Schwerin, Abt Johann von Doberan, Antonius Schönefelb, Heinrich Bentzin und Thomas Robe zur Reformation des dortigen Konvents nach Roftock kommen würden. Bei diefer Reformation wurden diejenigen, welche fich derfelben nicht fügen wollten, aus dem Klofter gewiefen. Im Jahre 1472 fuchten die vertriebenen Brüder beim Rath um die Erlaubniß nach, in ihr Klofter zurückkehren zu dürfen, da daffelbe von Fürft Nikolaus dem Kinde den Bürgerkindern Roftocks und nicht den Holländern gegeben worden fei; auch die einzelnen Aemter wurden von ihnen aufgefordert, fich für fie beim Rath zu verwenden. Bifchof Werner von Schwerin begehrte dagegen, daß der Rath etwaige Fürbitten der Bürger ablehne und etwaigen Gewaltthätig= keiten der vertriebenen Brüder durch feine Diener entgegen= treten laffe, und in der That hat wenigftens eine allge= meine Rückkehr derfelben nicht ftattgefunden. Im Jahre 1480 lebten Mag. Thomas von dem Ryne vom Roftocker Konvent und Mag. Hermann Meyer vom Konvent zu Wismar in dem nicht reformirten Dominikanerklofter zu Hamburg, und noch im Jahre 1506 befanden fich dort außer dem genannten Hermann Meyer auch Martin Boitin und Heinrich Emerfen vom Konvent zu Roftock. — An dem Kapitel der reformirten Klöfter, das am 4. Auguft 1477 zu Wismar ftattfand, betheiligten fich nur vier Konvente von der Provinz Sachfen, Magdeburg, Roftock, Wismar, Halle, und außerdem die beiden Konvente Greifswald und Pafewalk, die damals noch zu der Provinz Polen gehörten, im Jahre 1517 aber der Provinz Sachfen zugelegt wur= den. Am 19. December 1502 ordnete der von Papft Alexander VI am 5. October 1500 zum päpftlichen Le= gaten für Deutfchland, Dänemark 2c. ernannte Kardinal Raimundus die Reformation der Konvente zu Stralfund, Röbel, Prenzlau, Soldin und Dortmund an. Im Jahre

1517 war die Ordens-Reformation in der Provinz Sachsen
so weit durchgebrungen, daß der Ordensgeneral Thomas
de Vio Cajetanus am 5. Februar die bisher unter dem
Generalvikar der holländischen Kongregation stehenden
Klöster derselben wiederum dem Provinzialprior unterstellen
konnte; würde einmal ein nicht reformirter Provinzialprior
erwählt werden, so sollten die Vikare der vier Nationen,
in welche nunmehr die Provinz getheilt wurde, unmittelbar unter dem Ordensgeneral stehen. Diese vier Nationen
waren Meißen, Thüringen, Livland und Ostnation; die
letztgenannte bestand aus den Konventen Magdeburg,
Bremen, Rostock, Wismar, Norden und Röbel. Der
Rostocker Konvent hatte sich mit der von Cajetan getroffenen Anordnung am 24. Juni 1516 im Voraus einverstanden erklärt; die Ausführung derselben geschah in Rostock
am 19. Mai 1517 durch den Provinzialprior Hermann
Rab. — Prior des Rostocker Konvents, der damals aus
28 Brüdern bestand, war Kornelius von Sneek seit 1503,
intitulirt als Doctor der Theologie schon 1483, Prior des
Konvents zu Bremen 1502, Generalvikar der holländischen
Kongregation 1505, Vikar der Ostnation bis zu seinem
am 14. September 1534 zu Leeuwarden erfolgten Tode;
ihm zunächst folgen der Subprior Nikolaus Tangermünde,
der Bakkalaureus der Theologie Mathias Nikolai, der
Lektor der Theologie Joachim Ratstein und der General-
prediger Wilhelm Wilmes; an letzter Stelle erscheint Hermann Otto, der letzte, erst 1575 gestorbene Prior des
Johannisklosters. Als Lehrer an der Universität wirkten
1520 Mag. Johann Hoppe, der als Vikar (der Ostnation)
bezeichnet wird, Kornelius von Sneek und Mathias Nikolai;
Ketzermeister waren Hoppe, Sneek und der, wie es scheint,
besonders eifrige Joachim Ratstein. Ein eigenes Termin-

7*

haus hatte das Kloster in Teterow (schon 1312) und in Güstrow; auch auf Schonen erwarb es 1477 für seine Terminanten ein Grundstück auf der Landspitze Uggle Ubbe, das 1526 an den Rathsherrn Thomas Kasche, damaligen Vogt zu Falsterbo, verkauft wurde.

Das Kloster zum heil. Kreuz war ein Frauenkloster des Cistercienser-Ordens, der von dem im Jahre 1098 gegründeten Mutterkloster Citeaux (Cistercium) bei Dijon seinen Namen führt. Die Lage des Kreuzklosters innerhalb der Stadtmauern ist eine Abweichung von der Regel, nach welcher die Klöster dieses Ordens sogenannte Feldklöster sind. Seine Stiftung wird der Königin Margarethe von Dänemark verdankt, deren Mutter vermuthlich eine Tochter Heinrich Borwins II war. Die Königin hatte, wie es scheint, im Lande Rostock ein Feldkloster zu gründen beabsichtigt, war dann aber für den Gedanken gewonnen worden, ein Nonnenkloster innerhalb der Landeshauptstadt zu bewidmen. Nachdem sie am 24. Mai 1269 von ihrem Vetter, dem Fürsten Waldemar, die Erlaubniß erhalten hatte, 4 Pflug Landes in seiner Herrschaft zu kaufen und darüber zu vollem Eigenthumsrecht zu verfügen, machte sie von derselben durch den Ankauf des 4 Pflug Landes umfassenden Dorfes Schmarl Gebrauch und schenkte dasselbe am Himmelfahrtstage 1272 (Juni 2) dem Nonnenkloster zum heil. Kreuz in Rostock. Am 23. März 1276 nahm Papst Innocenz V das Kloster der Cistercienserinnen von Rostock in seinen Schutz und bestätigte dessen Freiheiten und Gerechtigkeiten; am 23. Oktober 1278 stellte Fürst Waldemar für die Kirche der Nonnen zum heil. Kreuz in Rostock einen Schutzbrief aus und löste sie aus dem Pfarreiverbande der Jacobikirche. — Das Dorf Schmarl, mit dem das Kloster durch die

Königin bewidmet worden war, grenzte an die auf einer
aus der Slawenzeit herrührenden Aufschüttung errichtete
Hundsburg, auf der damals noch (1268—1270) Nikolaus
Glöbe, ein Lehnsmann oder Beamter des Fürsten, sein
gewaltthätiges Wesen trieb. Bald darauf aber muß diese
Burg zerstört worden sein, denn am 21. December 1278,
also unmittelbar nach der Ausstellung seines Schutzbriefes
für das Kloster, verkaufte Fürst Waldemar den Grund
und Boden der Hundsburg an die Stadt Rostock, von der
ein Menschenalter später, am 27. August 1307, der Wall
des Schlosses Hundsburg an das Kreuzkloster verkauft
wurde. Vor dieser Erwerbung vom Jahre 1307 scheint
das Kloster durch das Bestreben, die Hundsburg als Zu=
behör von Schmarl und folglich als Klostereigenthum dar=
zustellen, zur Anfertigung eines Schriftstückes bewogen wor=
den zu sein, das in der Form einer Stiftungsurkunde
auftritt und vom 22. September 1270 datirt zu sein
vorgiebt. — Diesem Machwerk zufolge hat die Königin
Margaretha mit einem Stück des heil. Kreuzes, das ihr
von einem unbenannten Papst bei ihrer Pilgerfahrt nach
Rom geschenkt worden ist, in der Absicht, die früher von
ihr verwüsteten Klöster wiederherzustellen und neue zu
stiften, eine Seefahrt angetreten. Dreimal hat ihr der
Sturm die Landung in Dänemark unmöglich gemacht.
Als sie dann aber vertrauensvoll ihr Gelübde an Gott,
die Mutter Gottes und das heil. Kreuz gerichtet, haben
sich die Fluthen geebnet, und sie ist auf der Warnow ge=
landet. Daraus hat sie erkannt, daß Gott auch im Wend=
lande Klöster haben wolle und daß das heilbringende Holz
dort Zuflucht zu gewähren bestimmt sei. Auf den Rath
aller ihrer Räthe hat sie sich entschlossen, das Schloß
Hundsburg zu einem Kloster herzurichten; die Bitten des

Lübischen Bürgermeisters Hermann Krübener und vieler
andrer ehrbaren Männer aber haben sie bewogen, mit
Genehmigung des Fürsten Waldemar ein Nonnenkloster
innerhalb der Mauern Rostocks zu stiften; das thut sie
hiermit zu Ehren Gottes, der Jungfrau Maria und des
h. Kreuzes. Inwieweit hier echte mündliche Ueberlieferung
mit bewußter Fälschung verquickt worden ist, läßt sich nicht
mit Sicherheit entscheiden. — Das Kreuzkloster war als
Zufluchtsstätte unverehelichter Bürgertöchter außerordentlich
beliebt, erwarb reichen Grundbesitz und hatte eine große
Zahl von Konventualinnen und Exspektantinnen. Am
17. Juli 1354 beurkundeten der Propst, die Priorin, die
Unterpriorin und 34 Schwestern den Majoritätsbeschluß
ihres Konvents, in Zukunft nicht mehr als 60 und nur
höchstens 10 Jahre alte, unverkrüppelte Exspektantinnen
anzunehmen. Im Jahre 1492 setzten die von Bischof
Konrad von Schwerin ernannten Visitatoren die Zahl der
geistlichen Schwestern auf 40, die der Laienschwestern auf
10 fest. Am 16. August 1526 gestattete der Visitator
Dr. Barthold Moller, daß die Nonnen, die wegen der
Ketzerei Noth litten, 12 Bürgertöchter in weltlicher Kleidung
bei sich aufnehmen dürften.

Das unweit Rostocks gelegene Kloster Marienehe war
ein Mannskloster des 1086 vom heil. Bruno aus Köln
in der Wüste Chartreuse bei Grenoble gestifteten Kartäuser=
Ordens. Der Name beruht auf einer Umdeutung des
slawischen Ortsnamens Mernewe oder Mergenewe, der
ursprünglich einem seit 1304 bekannten Hofe eignete,
welcher von der Familie Barnekow (1334) an den Bürger
Radekin Wend, von diesem (1335) an die Familie Alkun
und von dieser wieder (1376) an den Rathsherrn Gerlach
Wilde überging. Nach dem Tode Heinrich Wildes kam

der Hof durch Erbgang zur einen Hälfte an den Bürger
Dietrich Fritze oder Wanzeberg, zur andern an den Ritter
Mathias Axekow. Der Bürgermeister Winold Baggel
brachte beide Hälften (1393 und 1395) durch Ankauf zusammen und überließ sodann am 3. December 1395 die
eine Hälfte seinem Schwiegervater Mathias von Borken
gegen Erstattung des halben Kaufpreises. Am 2. Febr. 1396
aber schenkten Winold Baggel und Matthias von Borken
den ganzen Hof Mergene zur Errichtung eines Kartäuser-
klosters. König Albrecht von Schweden, der am 8. September 1395 seine Freiheit zurückerhalten und sich am
19. Februar 1396 zum zweiten Male verehelicht hatte,
bestätigte diese Schenkung am 28. Februar. Auch Bischof
Rudolf von Schwerin ertheilte am 7. März seine Genehmigung, gab dem zu erbauenden Kloster den Namen
Himmelszinnen oder Marienehe, befreite es von der
bischöflichen Gerichtsbarkeit und verhieß allen denjenigen,
welche seinen Bau unterstützen würden, einen vierzigtägigen
Ablaß. In dieser Urkunde Bischof Rudolfs wird auch
eines innerhalb Rostocks belegenen Hauses, des sogenannten
neuen Hospitals gedacht, das ebenfalls dem Kloster geschenkt worden war; vielleicht war dieses das 1552 genannte Kartäuser-Haus in der Breitenstraße. Ein Geschenk
von 11 ₰ 10 ₰ jährlicher Hebung aus dem Dorfe Evers-
hagen, das am 3. Mai 1399 der Protonotar Konrad
Römer dem im Bau befindlichen Kloster machte, wurde
von dem Rektor des Klosters Johann Schelp entgegengenommen. Im Jahre 1400 verpachteten die Mönche den
Wirthschaftshof Marieneh mit Genehmigung des Priors
Johann von Arensböf, was sich vermuthlich dadurch erklärt, daß inzwischen Johann Schelp zum Prior des damals eben vollendeten Klosters Arensböf erwählt worden

war. — Ihren Statuten nach lebten die Kartäuser in ab=
gesonderten Zellen einsam und unter ewigem Stillschweigen;
ihre Beschäftigung bildete Handarbeit und das Abschreiben
von Büchern. Alle Kartausen, deren es zu Anfang des
16. Jahrhunderts 191 gab, standen unter der Leitung der
Mutter=Klause bei Grenoble (Domus Cartusie, Carthusia
major); nach den Ländern, in benen sie lagen, waren sie
in 17 Provinzen getheilt; Marieneße gehörte zu der Pro=
vinz Sachsen und war von den neun Klöstern derselben
das sechste. Im Jahre 1491 war der Prior Georg
von Arnsbök Visitator der Provinz Sachsen, der Prior
Timotheus und ·der Prokurator Gerwin von Marieneße
waren Mitvisitatoren. — In der Reformationszeit war
Marquard Behr Prior, erwählt 1525, gestorben 1553.
Herzog Johann Albrecht ließ am 15. März 1552 das
Kloster durch 300 Bewaffnete aufheben; die vertriebenen
Brüder strengten einen Prozeß beim Reichskammergerichte
an und wählten nach dem Tode Marquard Behrs ihren
bisherigen Prokurator Christian Westhof zum Prior; im
Jahre 1559 aber wurden auf Befehl des Herzogs die
Klostergebäude abgebrochen und die Steine zu Behuf seines
bortigen Schloßbaues nach Güstrow gefahren. Der letzte
Kartäuserbruder war Mathias Sasse; als Matthäus Meier,
mit dem er in Lübeck zusammengewohnt hatte, 1574 ge=
storben war, cedirte er am 22. Juni 1575 alle Gerechtig=
keiten und Urkunden der Kartause Marieneß dem Rath
der Stadt Rostock und zog sich zurück in die Kartause
Marienkloster bei Hildesheim.

Der Doberaner Hof in Rostock kommt, als das Haus
der Doberaner Mönche bezeichnet, schon 1263 vor, als
Klein=Doberan 1315, als Alt=Doberan 1326, als Dobe=
raner Hof 1327. Am 26. Mai 1280 gestattete Bischof

Hermann von Schwerin dem Kloster, auf seinem zu Rostock im Kirchspiel St. Jacobi belegenen Hofe eine Kapelle zu errichten und Gottesdienst in derselben zu halten. Am 13. Mai 1315 beurkundete der Rath seine Anerkennung der dem Hofe Klein = Doberan zuständigen Gerechtsame, seiner Immunität und seines Asylrechtes, seiner eigenen Gerichtsbarkeit und seiner Freiheit von allen bürgerlichen Pflichten und Leistungen gegen die herkömmliche Abgabe von einer Mark gewöhnlichen Geldes zu Martini jedes Jahres. Bezüglich der in diesem Vertrage dem Kloster zugestandenen vollen Gerichtsbarkeit bestätigte Fürst Heinrich von Mecklenburg denselben am 2. Mai 1315.

Vorübergehend war auch ein Satower Hof in Rostock vorhanden. Erwähnt wird der Hof der Mönche von Satow 1289; 1311 wurde ein neben dem St. Jacobi = Kirchhof belegener Hof veräußert, der den Mönchen von Satow gehört hatte. Das Dorf Satow war im Besitz des Klosters Amelungsborn.

32. Die Schwestern= und Brüderhäuser.

Die Beginen oder Begutten waren weltliche Frauenvereine zu frommen Zwecken, die in der zweiten Hälfte des 11. Jahrhunderts zuerst in Belgien auftraten und ihre Blüthezeit im 13. Jahrhundert erreichten. Sie lebten meistens zusammen in einem oder mehreren Konventen, deren jeder unter Aufsicht einer Meisterin stand, hatten keine allgemein gültige Ordensregel, waren nicht zu persönlicher Armuth verpflichtet und konnten jederzeit austreten, um sich zu verehelichen. Nach dem Muster der Beginen, die der Volksmund gern als blaue Schwestern bezeichnete, entstanden im 13. Jahrhundert Männergesellschaften, die Begharden, die sich ebenfalls schnell ausbreiteten, aber bald entarteten. Auch die Beginen geriethen unter dem Einflusse kezerischer Secten vielfach in falsche Richtungen, wurden von der Kirche wegen Irrglaubens verfolgt und kamen beim Volke in den Verdacht eines lockern Lebens= wandels. In Rostock vermachte 1279 der Bürger Gerlach von Koesfeld den Beginen 30 Mark zum Ankauf eines Hauses, in dem sie in Gemeinschaft leben könnten; in Folge dessen, wie es scheint, erwarben sie zunächst ein kleines Erbe auf dem Küterbruch neben dem Stadtgraben; später aber siedelten sie sich auf dem nach ihnen benannten Beginenberge an, wo 1293 Schwester Wibe allen zum Kapitel gehörenden Schwestern ihr Haus auf dem Berge verkauft hatte. Als der von Papst Klemens V auf dem Konzil zu Vienne (1311) erlassene Befehl, gegen die kezze= rischen Begharden und Beginen mit Untersuchung und eventuell mit Strafen einzuschreiten, seit dem Jahre 1316 auch in Norddeutschland Verfolgungen hervorrief, verkauften die Rostocker Beginen aus Furcht vor solchen das ihnen gehörige Erbe auf dem Beginenberge im August 1318 an die Familie Wasmod. Aufgelöst wurde ihre Vereinigung aber damals entweder überhaupt nicht oder doch nur zeit= weilig. Fünfzig Jahre später besaßen sie vielmehr zwei Konventshäuser, das eine dem Eingang der Johanniskirche gegenüber, das andere wahrscheinlich wieder auf dem Beginenberge. Unweit des letzteren hatten sich auch Beg= harden, die in Rostock 1353 zuerst erwähnt werden, auf dem Nammsberge an der Stadtmauer unter drei Schwib= bögen angesiedelt; aus Furcht vor der neuen Verfolgung, die damals bereits in Erfurt begonnen hatte, suchten sie sich 1368 ihren Grundbesitz durch einen Scheinverkauf zu sichern. Im Jahre 1371 aber wurden mit ihnen auch die Beginen Rostocks von der Verfolgung betroffen, die von dem Kezzermeister Walther Kerlinger in Erfurt ausging.

Auf Grund eines kaiserlichen Mandats zur Ausrottung
der ketzerischen Secten der Begharden und Beginen, das
derselbe am 10. Juni 1369 von Karl IV erlangt hatte,
forderte er, nachdem er am 8. September zu Ruppin im
Provinzialkapitel der Dominikaner zum Provinzialprior
der Provinz Sachsen erwählt worden war, mittels no=
tarieller Abschriften vom 7. December zum Einschreiten
gegen diese Secten auf. Der Rostocker Rath, dem der
kaiserliche Befehl ebenfalls vorgelegt wurde, gehorsamte
demselben dadurch, daß er am 28. November 1371 die
beiden Erben der Beginen und zwölf Monate später auch
die drei Buden der Begharden auf dem Rammsberge ver=
kaufen ließ. Die Schutzbriefe, die Papst Gregor XI in
den Jahren 1374 und 1377 zu Gunsten der Begharden
und Beginen erließ, scheinen ihnen in Rostock nicht mehr
gefrommt zu haben.

Eben damals (1374) begann aber in den Nieder=
landen Gert Groot, der unter Anknüpfung an die Art
des bei den Beginen und Begharden üblichen Zusammen=
lebens neue Brüder= und Schwesternvereinigungen bildete,
seine auf die Reform des Klosterwesens gerichtete Thätig=
keit. Mit Florentius Radewin zusammen stiftete er die
Kongregation der Brüder vom gemeinsamen Leben, deren
Mitglieder, die Fraterherren, die drei wesentlichen Ordens=
stücke, die Keuschheit, die Armuth und den Gehorsam, streng
aufrecht hielten, ohne durch ausdrückliche Gelübde gebunden
zu sein. Die Angriffe, welche die Fraterherren von Seiten
der Bettelmönche erfuhren, bewogen ihn freilich, seinen
Schülern die Gründung eines Klosters und die Annahme
einer Ordensregel zu empfehlen. Bald nach seinem Tode
(1384) wurde (1386) das Kloster Windesheim, südlich
von Zwolle, erbaut, das die Regel der Augustinerchorherren

annahm und durch Neugründungen und Reformationen das Mutterkloster einer neuen Kongregation wurde, deren Mitglieder sich als Augustinerchorherren der Windesheimer Kongregation bezeichneten. Daneben aber blieben die Fraterherren als selbstständige Kongregation bestehen. Ein von Gert Groot in seinem Vaterhause in Deventer gestifteter Schwestern-Konvent wurde der Ausgangspunkt der Schwestern vom gemeinsamen Leben, die vielfach ebenfalls eine Ordensregel und zwar meistens die Augustinische annahmen.

Eines solchen Schwesternhauses bei Rostock gedenkt der Geschichtsschreiber der Windesheimer Kongregation Johann Busch in seiner Schrift über die Klosterreformationen. Er kam, wie er hier berichtet, als Prior des Augustinerchorherrenstiftes Sülte bei Hildesheim zusammen mit Johann Klövekorn, dem Prior des Stiftes Richenberg bei Goslar, zur Visitation des Segeberghauses nach Lübeck; da die Mutter desselben von der Mutter des Schwesternhauses in Neustadt verleumdet worden war, so bedrohte er diese mit einer Anzeige bei den Schwestern in Hasselt; auch sonst hatte er Gelegenheit, der Mutter des Segeberghauses sich anzunehmen, und vermochte auch noch nach seiner Rückkehr von Sülte aus ihr nützlich zu sein; jetzt, so fährt er dann fort, leben Mutter und Schwestern in gutem Frieden, haben die Regel des heil. Augustinus vom Kloster Elbagsen angenommen und haben zwei ähnliche Schwesternhäuser neu gegründet, das eine in dem Vaterhause der Mutter, das andere in der Diöcese Schwerin bei Rostock. Leider fehlen diesem Berichte die Jahreszahlen; doch muß die Visitation des Segeberg-Hauses oder des Michaelis-Konvents bei der Egidienkirche, der um 1450 von Barthold Segeberg erneuert worden war, nach 1459 fallen, während die Neugründung des Hauses bei Rostock vor 1470, wahrscheinlich 1468, stattgefunden haben wird. Die Mutter des Segeberg-Hauses bat Busch brieflich, ihr aus Zwolle oder aus Deventer vier Schwestern, zwei Mit-reformatorinnen und zwei Mütter für die beiden neuen Häuser, zu besorgen; der großen Entfernung wegen lehnte er aber diese Vermittelung ab. — Wie es scheint, ist bei diesem 1468 neugegründeten oder reformirten Schwestern-hause an das Kloster Bethlehem außerhalb des Kröpliner-thors zu denken, das 1522 in dem Testament des Bürger-meisters Arnd Hasselbeck mit 10 Mark Sundisch bedacht worden ist.

Die Brüder vom gemeinsamen Leben kamen aus dem Hause zum Springborn in Münster im Jahre oder gegen das Jahr 1462 nach Rostock. Anfangs wohnten sie in dem Hause weiland Peters von Köln beim Kuhthor; schon im Jahre 1464 jedoch überließ ihnen das Kloster zum h. Kreuz gegen eine jährliche Rente einen Bauhof in der Schwanschen Straße, auf dem sie zunächst durch den Bau eines Fraterhauses und einer Kapelle sich provisorisch ein-richteten, im Jahre 1480 aber den Grund zu dem noch jetzt vorhandenen Gebäude legten, das Kirche und Frater-haus unter einem Dache vereinigte und bereits Johannis 1488 vollendet dastand. Schon in dem Hause beim Kuh-thor, das 1470 mit ihrer Genehmigung an die Stadt ver-äußert wurde, hatten sie sich als Brüder vom gemeinsamen Leben zum Grünen Garten bezeichnet; Kirche und Kapelle, die dem h. Michael geweiht waren, gaben ihnen den Namen Brüder vom gemeinsamen Leben zum Grünen Garten zu St. Michael, abgekürzt Michaelisbrüder; von ihren Widersachern wurden sie spottweise Loll- oder Noll-brüder genannt. Im Jahre 1488 lebten im Fraterhause

17 Perſonen, nämlich 8 Prieſter, 2 Diakonen, 1 Akoluth, 2 Schüler, 3 Laien und 1 Novize. An der Spitze des= ſelben ſtanden ein Rektor und ein Prokurator oder Schaffer; der Senior der Prieſter hatte vorkommenden Falls den Rektor zu vertreten und führte die Aufſicht über die Novizen. Die Beſchäftigung der Brüder bildeten Gottes= dienſt, Schulunterricht und Buchdruck. Zur Zeit der Re= formation war Martin Hillemann (1509—1551) Rektor; ſein Nachfolger, Heinrich Pauli, genannt Arſenius, ſtarb als der Letzte der Brüder erſt im Jahre 1575.

33. Der Einfluß der humaniſtiſchen Strömung.

Unter den Lehrern der Univerſität Roſtock im 15. Jahr= hundert ragt beſonders Albrecht Krantz hervor. Geboren zu Hamburg, wurde er im Jahre 1463 zu Roſtock in= titulirt, war 1482 Rektor und im Sommerſemeſter 1486 Dekan der philoſophiſchen Fakultät. Michaelis 1486 trat er als Syndikus in den Dienſt der Stadt Lübeck, erhielt 1490 die Würde eines Doktors der Theologie, wurde 1492 lector primarius an der Domkirche zu Hamburg, 1508 Dechant des dortigen Domkapitels und ſtarb daſelbſt am 7. December 1517. Feſt auf dem Standpunkte der katholiſchen Kirche ſtehend, bekämpfte Krantz heftig alle häretiſchen Richtungen, trat aber auch der Wirkſamkeit der Bettelmönche entgegen und ſah in einer ſittlichen Wieder= geburt der Geiſtlichkeit die nothwendige Vorbedingung einer Beſſerung der kirchlichen Verhältniſſe. Als Geſchichts= ſchreiber übte er durch ſeine Saxonia, Wandalia, Dania und Metropolis, Werke, welche ſämmtlich erſt nach ſeinem Tode herausgegeben wurden, Jahrhunderte lang einen maßgebenden Einfluß auf die Geſchichtsforſchung Nord= deutſchlands aus.

Ein Schüler von Kranz war Barthold Moller, ge=
boren zu Hamburg, intitulirt zu Roſtock 1485,. Rektor der
Regentie Porta coeli 1499, Rektor der Univerſität zum
erſten Male 1505. In ſeinen Vorleſungen verbreitete er
ſich über die verſchiedenen Gebiete der Theologie; doch
war er auch den humaniſtiſchen Studien zugethan und
ſtand als Lehrer in hohem Anſehen. 1505 gab er den
Donat heraus; 1506 überwachte er die Ausgabe von
Kranz' Culta et succincta grammatica. Neben Moller
waren auch der Theologe Gerhard Vrilbe (1507 Rektor),
die Juriſten Johann Berchmann (1489 Rektor), Nikolaus
Louwe aus Stettin (1504 Rektor) und Peter Boye aus
Ditmarſchen (1508 Rektor), ſowie auch der Mediciner
Rembert Gilzheim aus Braunſchweig (1515 Rektor)
Freunde her humaniſtiſchen Studien. Insbeſondere aber
wurden dieſelben gepflegt von den Rektoren der Regentien
zur Porta coeli und zum Rothen Löwen; an der erſteren
wirkten Moller (1499), Konrad Pegel (1508—1514) und
Egbert von Harlem, an dieſer Tilemann Heverling aus
Göttingen (1501—1511), einer der angeſehenſten Docenten
Roſtocks dieſer Zeit.

Im Kreiſe dieſer Männer fanden die Humaniſten
freundliche Aufnahme, welche wandernd durch Deutſchland
zogen, die Pflege der klaſſiſchen Studien verbreiteten und
der Kirchenreform vorarbeiteten. In Mollers Jünglings=
jahren kam der berühmte Konrad Celtis aus Wippfeld in
Franken zu einem kurzen Aufenthalt (Anfang 1486) nach
Roſtock. Ihm folgten (1501) der Weſtfale Hermann von
dem Buſche, ein Schüler von Rudolf von Langen, Alexan=
der Hegius und Rudolf Agricola, Ulrich von Hutten (1510),
der krank und bloß Egberts von Harlem Gaſtfreundſchaft
erfuhr, und Johannes Padus (1515), den Egbert von

Harlem ebenfalls zu sich in seine Wohnung nahm. Der einzige der Dunkelmänner = Briefe, der aus Rostock batirt ist, nimmt freilich gerade den Magister Egbertus zum Stichblatt, ist aber ziemlich harmlos gehalten und will, wie es scheint, in Wirklichkeit nur die theologische Fakultät etwas necken.

Mit Tilemann Heverling dagegen konnten die wan= bernden Humanisten sich ernstlich nicht stellen. Er, der selbst lateinische Dichter, insbesondere Juvenals Satiren, erklärte, nahm nicht mit Unrecht Anstoß daran, daß Her= mann von dem Busche, der unter großem Beifall Abschnitte aus Cicero, Virgil und Ovid interpretirte, auch die Sa= tiriker Juvenal und Persius in den Bereich seiner Vor= lesungen zog, und mußte es beim Concilium dahinzubringen, daß von dem Busche seine Vorlesungen einstellen und nach dem Schluß des Semesters die Universität verlassen mußte. Dafür rächte sich von dem Busche durch eine Reihe von 53 Epigrammen, bie er 1507 unter der Bezeichnung Oestrus in Tilemannum Heverlingium herausgab, und Hutten, der sich aus unbekannten Gründen durch Heverling ebenfalls beschwert fühlte, übersetze spöttisch seinen Namen in Philopompus (der sich Ueberhebende). Wahrscheinlich trat hier dem Selbstbewußtsein der fremden Ankömmlinge ein nicht geringeres Selbstbewußtsein des in fester Stellung stehenden Einheimischen entgegen, der, wenn er gleich seine Liebe zur niederdeutschen Muttersprache gern in Wort und Schrift bethätigte, doch auch in der Gelehrtensprache sich sicher bewegte und bessen lateinische Empfehlungsgedichte von Männern wie Kranß, Vrilbe und Moller für die Veröffentlichung ihrer Arbeiten nachgesucht wurden. Be= freundet war Heverling mit dem Latein = Dichter Heinrich Böger aus Hörter, der 1499 nach Rostock gekommen war,

1501 Dechant des Domstiftes wurde und mit dem Dom-
scholaster Johann Ratte zusammen den jungen Herzog Erich
auf seiner italienischen Reise (1502—1504) begleitete.
Auch seiner Gedichtsammlung wurde ein Widmungsgedicht
von Heverling vorangestellt.

Hochgeschätzt von Hutten wurde Dr. Nikolaus Mar-
schalk aus Roßla in Thüringen, der 1490—1502 in Erfurt gelehrt hatte, 1502 nach dem neugegründeten Wittenberg übergesiedelt war und seit 1505 bei Herzog Heinrich
von Mecklenburg als sogenannter Orator in Dienst stand.
In Rostock, wo er 1510 intitulirt worden war, las er
1520 extraordinarie über kanonisches und Civilrecht
und daneben über seine 1517—1520 veröffentlichte Geschichte der im Wasser lebenden Thiere, griechisch und
lateinisch; 1522 war er sogar bereit, Vorlesungen über
das neue Testament griechisch und hebräisch zu halten.
Vornehmlich bekannt aber machte er sich durch seine Arbeiten auf dem Gebiete der vaterländischen Geschicht-
schreibung, deren Hauptwerk, die Annales Herulorum ac
Vandalorum, 1521 erschien. Schon in Erfurt, wo Peter
Eberbach, bekannter als Petrejus Aperbach, und Georg
Spalatin seine Schüler gewesen waren, hatte er sich eine
Privatdruckerei gehalten, die als die erste in Deutschland
außer den lateinischen und griechischen auch hebräische
Lettern besaß. In Rostock richtete er sich mit Hülfe eines
aus Erfurt verschriebenen Druckers Günther Winter ebenfalls eine Druckerei ein, die von 1514—1522 in Thätigkeit und außer mit vorzüglichen lateinischen auch mit
griechischen Lettern ausgerüstet war.

Die älteste Druckerei Rostocks war diejenige der
Michaelisbrüder, die von 1476—1500 in Betrieb war
und ihre 1521 wieder aufgenommene Thätigkeit bis 1532

fortſetzte. Ihr folgte die Privatdruckerei des Stadtſekretärs Hermann Barckhuſen, deren Drucke die Jahreszahlen 1505—1514 tragen. Im Jahre 1515 wurde dieſe Druckerei von Ludwig Dietz aus Speier, der bisher in Barckhuſens Dienſt geweſen war, ſelbſtſtändig übernommen; ſeine Drucke reichen herab bis zu ſeinem am 1. September 1559 erfolgten Tode.

Viertes Buch. Die Reformation.

34. Die Herzöge Heinrich und Albrecht.

Nach dem Tode des Herzogs Magnus verglichen sich seine drei Söhne Heinrich V, der Friedfertige, Erich und Albrecht VII, der Schöne, mit ihrem Oheim Herzog Balthasar in den Verträgen von Schwerin (1503 Dec. 27) und Wismar (1504 Mai 21) dahin, daß einstweilen alle Lande ungetheilt bleiben und von Herzog Balthasar unter Hinzuziehung eines der drei jungen Herzöge regiert werden sollten. Am 7. März 1507 starb Herzog Balthasar, und Herzog Heinrich übernahm die Regierung, Anfangs zusammen mit Herzog Erich, nach dessen Tode (1508 Dec. 24) mit Herzog Albrecht.

Am 8. April 1505 bestätigten die Herzöge Heinrich, Erich und Albrecht der Stadt Rostock nach Entgegennahme der Huldigung alle ihre Privilegien und befreiten sie gegen ein sogenanntes Geschenk von 1000 Rheinischen Gulden von der Landbede für das Stadtgebiet innerhalb der Zingeln. Trotz dieser Erneuerung des Vertrages vom 15. August 1482 wurde aber Rostock nach wie vor zu den außerordentlichen Landbeden herangezogen. Als Herzog Heinrich, der am 24. Juli 1505 zu Köln von König Maximilian die Belehnung für sich, seinen Sohn und seine Brüder empfing, zu diesem Zwecke am 16. Mai eine Bede von den Ständen bewilligt worden war, erklärten die Herzöge Balthasar und Heinrich am 16. Oktober Rostock gegenüber, von dieser Bewilligung könne es nicht befreit werden, da dieselbe keine Landbede, sondern eine Hülfe zum Empfang ihrer Regalien betreffe, und als die jüngste ·Tochter des Herzogs Magnus, Katharina, sich am 6. Juli 1512 mit Herzog Heinrich von Sachsen vermählte, hatte die Stadt den Herzögen Heinrich und Albrecht 25 Gulden zu einem Pferde (1512 Juni 12) und 1000 Gulden zu der Heim= steuer ihrer Schwester zu bezahlen (1513 Dec. 19).

Die Kämpfe, welche dadurch entstanden, daß Schweden sich von der Union der drei nordischen Reiche loszureißen trachtete, zogen Lübeck und die ihm enger verbundenen Städte in Mitleidenschaft. Ihre Weigerung, den Handels= verkehr mit Schweden abzubrechen, führte zum Kriege zwischen ihnen und König Johann von Dänemark (1510 — 1512), der ihre Rivalen auf der Ostsee, die Holländer, in seinen Landen begünstigte. Dieses Krieges wegen gestatte= ten die Herzöge Heinrich und Albrecht· den Rostockern am 9. August 1510, zum Schutz ihres Hafens und ihrer Stadt ein Block= und Korbhaus zu Warnemünde zu er= bauen; doch mußten sie sich verpflichten, dasselbe wieder niederzureißen, wenn der Krieg beendigt sein würde oder die Herzöge den Abbruch begehren sollten. Durch den Frieden von Malmöe (1512 April 23) gewannen die Städte ihre bevorrechtete Stellung den Holländern gegen= über zurück.

Die Erlaubniß zur Erhebung der Accise wurde der Stadt gegen eine Erkenntlichkeit von 600 Gulden am 12. März 1515 von den Herzögen auf weitere 6 Jahre ertheilt. Neue Verlängerungen derselben wurden 1524 und 1526 auf 2 Jahre, 1528 auf 8 Jahre bewilligt.

Die Polizeiordnung, welche die Herzöge im Jahre 1516 für ihre Lande erließen, blieb für Rostock und Wis= mar unverbindlich; beide Städte, welche dergleichen Ord=

nung bereits hätten, sollten aber die Landesordnung fleißig
erwägen, berathen und entweder, soweit es thunlich und
möglich wäre, sie befolgen oder nach alter Gewohnheit
selbst Ordnung machen und dabei in Bezug auf diejenigen
Artikel, welche alle Stände angingen, sich ebenmäßig
verhalten.

Das gute Verhältniß der Stadt zu ihren Landes=
herren, welches diese Nachrichten bezeugen, begann sich
jedoch Herzog Albrecht gegenüber dadurch zu trüben, daß
dieser an dem gewinnreichen Kornhandel mit den Nieder=
landen unmittelbar theilnehmen wollte, während die See=
städte Rostock und Wismar sich weigerten, ihm die Be=
nutzung ihrer Häfen zu kaufmännischen Zwecken, das jus
navigandi, zu gestatten. Der Herzog wurde dadurch den
sogenannten Klipphäfen und zwar zunächst der Gollwitz bei
Wismar zugeführt; 1527 gedachte er, sich dort eigene
Schiffe bauen zu lassen, und 1532—1533 ging er mit
dem Plan eines Baues auf der Insel Pöl um, der von
ihm selbst für ein harmloses Lustschloß ausgegeben, von
den wendischen Städten aber für eine Festung gehalten
wurde und deshalb eingestellt werden mußte; 1533 ver=
suchte er, wie vorher schon, vermuthlich von Herzog Mag=
nus, geschehen war, mittels Durchstichs unterhalb Wustrows
den Ribnitzer Binnensee mit der Ostsee zu verbinden. Hinzu
kamen dann Streitigkeiten wegen der kirchlichen Angelegen=
heiten.

Mit seinem Bruder, Herzog Heinrich, hatte sich Her=
zog Albrecht am 6. Februar 1513 der gemeinschaftlichen
Regierung wegen auf 5 Jahre verglichen. Beim Ablauf
dieser Zeit drang er auf eine Theilung des Landes, wäh=
rend Herzog Heinrich den Gemeinschaftsvertrag von 1504,
der am 15. September 1507 nach Herzog Balthasars

Tode von den Beiden erneuert worden war, aufrechthalten wollte. Am 28. November 1518 kam zu Wismar auf weitere 5 Jahre ein Vergleich zu Stande, der die Gemein= schaftlichkeit beibehielt, Herzog Albrecht aber, in der Re= gierung sowohl, wie bezüglich der Einkünfte, dem älteren Bruder völlig gleichstellte. Bereits am 7. Mai 1520 wurde aber zu Neu = Brandenburg ein neuer Vertrag ge= schlossen, der zwischen Gemeinsamkeit und Theilung die Mitte hielt: vom 8. September ab sollte auf 4 Jahre dergestalt eine Theilung eintreten, daß beide Brüder zwei Jahre die eine und zwei Jahre die andere Hälfte des Landes regieren, die Prälaten aber, die Mannen und Rostock und Wismar mit 10 anderen Städten ihnen ge= meinsam verbleiben sollten. Am 26. Mai 1521 empfingen beide Herzöge auf dem Reichstage zu Worms von Kaiser Karl V die Gesammtbelehnung. Noch in demselben Jahre aber entstand, da Herzog Albrecht eine Theilung des ganzen Landes verlangte, während Herzog Heinrich die Theilung der Prälaten, Mannen und Städte als unge= wöhnlich verweigerte, ein Prozeß beim Reichskammergericht, der am 8. Februar 1525 durch die Bestätigung des Neu= Brandenburgischen Vertrages entschieden wurde.

Diese Theilungsbestrebungen Herzog Albrechts be= wogen die mecklenburgischen Stände, vermuthlich im Ein= verständniß mit Herzog Heinrich, mit einander eine Union einzugehen, die von ihnen, nachdem sie vorher zu Stern= berg einträchtig genehmigt worden war, am 1. August 1523 zu Rostock unterzeichnet wurde. In derselben verbinden sich Prälaten, Mannschaft und Städte zum Gehorsam gegen ihre Landesherren in Allem, was sie ihnen von Gottes und Rechts wegen zu thun schuldig sind, damit sie dagegen von ihnen bei ihren Privilegien, Freiheiten und

Gewohnheiten geschützt und erhalten werden, und zu ge=
meinsamem Widerstande gegen Jedermann, der sie wider
ihre Privilegien, Freiheiten und Gewohnheiten beschweren
wird; unter einander verpflichten sie sich zur Erhaltung
von Frieden, Recht und Einigkeit; bei Streitigkeiten soll
ein Ausschuß von 23 Personen, der aus drei Prälaten,
je vier Mannen aus den Landen Mecklenburg, Stargard
und Wenden und je zwei Rathsmitgliedern der Städte
Rostock, Wismar, Neu=Brandenburg und Güstrow besteht,
des Geschädigten sich annehmen und eventuell die Stände
zusammenberufen.

Im Jahre 1529 kam Herzog Albrecht auf sein Ver=
langen nach einer Landestheilung zurück; am 22. Decem=
ber 1534 wurde aber zu Schwerin ein Vergleich geschlossen,
nach welchem die gemeinschaftliche Regierung noch zwanzig
Jahre fortgesetzt werden sollte, und den Ablauf dieses
Termins hat keiner der beiden Brüder erlebt.

35. Die ersten Regungen der Reformation.

Am 11. Mai 1524 berichtete Luther an Georg Spa=
latin, er sei von beiden Herzögen von Mecklenburg, von
dem einen durch Hans Löser, von dem andern durch den
Prior des Augustinerklosters zu Sternberg, Johann Steen=
wyk, um Zusendung Evangelisch=Gesinnter ersucht worden.

Herzog Albrecht hatte sich am 17. Juni dieses Jahres
zu Berlin mit der im Jahre 1507 geborenen Tochter des
Kurfürsten Joachim I von Brandenburg vermählt, die
1524 auf Anregung ihres Bruders Joachim II das
Klosterleben aufgegeben hatte und in den weltlichen Stand
zurückgetreten war. Wohl aus Rücksicht auf die junge
Gemahlin, die damals noch „gut martinistisch" war, wird
er sich durch den genannten Hans Löser an Luther ge=

wandt haben, wie er denn auch einen evangelisch gesinnten
Geistlichen Heinrich Möllens mit sich brachte, der während
der Fastenzeit und des Osterfestes (März 27) zu Wismar
in der Hoffkirche zu St. Georg den Gottesdienst versah
und 1527 als Prediger an derselben angestellt wurde.

Ernster gemeint war wohl das Gesuch des Herzogs
Heinrich, das Luther am 17. Juli durch Zusendung des
Bruders Hieronymus Enthuizen beantwortete. Zum Lehrer
seines Sohnes Magnus, des postulirten Bischofs von
Schwerin, hatte er Konrad Pegel bestellt, der sich im
Sommer-Semester 1521 zu Wittenberg immatrikuliren ließ,
und unter den Tischgenossen des jungen Prinzen befand
sich Antonius von Preen, der schon im Herbst 1518 als
Student nach Wittenberg gekommen und am 3. Juli 1521
als einundzwanzigjähriger Jüngling von Herzog Heinrich,
unmittelbar nach dessen Rückkehr vom Wormser Reichstage,
für die Domkantorei zu Rostock präsentirt worden war.

In dasselbe Jahr 1521 fällt, wenn wir dem freilich
erst zweiundsiebzig Jahre später schreibenden Nikolaus Gryse
glauben dürfen, die Anstellung des Rostockischen Refor-
mators Joachim Slüter als Schulmeisters an der Kirchen-
schule zu St. Petri. An der Universität Rostock ward er
am 9. Juli 1518 als Dominus Jochimus Sluter immatrikulirt, hatte also wohl damals schon eine geistliche Weihe
erhalten. Zwei Jahre lang lag er dem Schuldienste ob;
ein Bürger, der Barbier Meister Peter Schmidt, gab ihm
während dieser Zeit einen freien Tisch. Dann wurde er,
im Jahre 1523, von Herzog Heinrich zum Kaplan an der
Petrikirche bestellt; zwei Jahre darauf stand er in vollem
Kampf gegen Lehren und Gebräuche der katholischen Kirche.

Schon im Jahre 1521 aber hatte der von König
Christian II zu Luther gesandte Martin Reinhart, als er

vom Reichstage zu Worms nach Dänemark zurückkehrte,
während seiner Anwesenheit in Rostock „bei einem Lieb=
haber der evangelischen Wahrheit", dem Kaufmann Hans
Kaffmeister dem Jüngern, Herberge gefunden, und in den
unmittelbar darauf folgenden Jahren hatten Riga und
Hamburg evangelisch gesinnte Prediger aus Rostock erhalten.
Sylvester Tegetmeier, der bereits am 23. Mai 1511 als
Silvester Tegetmeyer de Hamborch zu Rostock imma=
trikulirt worden war, kehrte dorthin Ostern 1518 von
einem Aufenthalte in Riga zurück, erwarb am 20. Fe=
bruar 1519 die Magisterwürde, wurde im Sommer Dis=
putator in der Regentie zum Rothen Löwen, wirkte seit
Ostern 1520 als Kaplan Barthold Mollers an der Jakobi=
kirche und kam kurz vor dem 29. September 1522 nach
Riga, wo er Andreas Knöpken, den Reformator Rigas,
als Kaplan an der Petrikirche vorfand und am 30. No=
vember seine erste Predigt in der dortigen Jakobikirche
hielt. Der Franziskaner = Mönch Stephan Kempe, am
18. April 1521 zu Rostock als Stephanus de Kempis,
frater, immatrikulirt, kam gegen Ostern 1523 in An=
gelegenheiten seines Ordens nach Hamburg und gewann
hier, wo das Franziskaner = Kapitel vom 14. Septem=
ber 1522 mit Spottversen verhöhnt worden war, durch
seine im evangelischen Sinne gehaltenen Predigten die
Gemüther.

Es kann also nicht erst Slüter gewesen sein, durch
dessen Predigt Kempe und Tegetmeier für die evangelische
Lehre gewonnen worden waren. Schon vor ihm war der=
selbe in Rostock — und wie es scheint, von zwei ver=
schiedenen Seiten her — ein empfänglicher Boden bereitet.

Einerseits muß ein solcher Einfluß von Barthold
Moller, trotzdem dieser selbst innerhalb der katholischen Kirche

verharrte, auf seine jüngeren Freunde und Schüler aus=
geübt worden sein. Kempe hatte unter Moller Theologie
studirt und war von ihm zum Baktalaureus der heiligen
Schrift promovirt worden; am Dom zu St. Jakobi, wo
Tegetmeier 1520—1522 als Kaplan predigte, war Moller
Kirchherr. Der im Jahre 1526 zum Prediger nach Ham=
burg berufene Johann Fritze hatte sich wie des Unterrichts,
so auch der Unterstützung Mollers zu erfreuen gehabt; vor
seiner Uebersiedelung nach Hamburg war er 20 Jahr lang
Kaplan in Rostock gewesen und zwar — einer Nachricht
Gryses zufolge — gleichfalls an der Jakobikirche.

Unter einer Einwirkung anderer Art stand der Kauf=
mann Hans Kaffmeister. Er bewahrte einen Schatz von
alten Handschriften, die ein Priester, der ehemals in Rostock
gepredigt, hinterlassen hatte, hielt ihn aber verborgen aus
Furcht vor dem Ketzermeister Joachim Ratstein; eine
der Schriften, die er Reinhart geschenkt, wurde von
diesem, der damals Prediger in Jena war, im Jahre 1524
veröffentlicht und war hussitischen Inhalts. Nach einer
von Mathias Flavius Illyricus in seinem 1556 erschiene=
nen Catalogus testium veritatis mitgetheilten Nachricht
lebte 40 Jahre vorher ein Priester Nikolaus Rus
in Rostock; dieser gab eine Schrift De triplici funiculo her=
aus, die von den Inquisitoren verfolgt wurde und voll=
ständig vernichtet worden wäre, wenn nicht ein wackerer
Mann eine Kiste voll Exemplare vergraben und bis zu
den Zeiten Luthers verborgen gehalten hätte; wegen des
Umganges, in dem er mit Leuten aus Böhmen, wahr=
scheinlich Waldensern, stand, wurde dieser verfolgt und flüch=
tete sich erst nach Wismar, wo er anderthalb Jahre lebte,
dann nach seiner Rückkehr von dort — in Folge erneuer=
ter Verfolgungen — nach Livland, wo er verstarb; zwei

in Rostock damals noch lebende Männer, Mag. Konrad
Pegel und Mag. Vitus zu St. Johannis, waren bei ihren
humanistischen Studien seine Schüler gewesen. Dieser
Mag. Nikolaus Rus war zu Rostock am 9. October 1477
als Nicolaus Rutze, intraneus, immatrikulirt worden
und hatte in der philosophischen Fakultät 1479—1480
das Bakkalaureat, 1485 die Magisterwürde erlangt; 1504
wurde er als Dominus, 1505 als Magister Nikolaus Rutze
bezeichnet. Die von ihm herausgegebenen Schriften sind,
wie wahrscheinlich gemacht worden ist, im letzten Jahrzehnt
des 15. Jahrhunderts bei Matthäus Brandis in Lübeck
gedruckt worden; ein Exemplar derselben hat im Jahre
1850 Prof. Wiggers wieder aufgefunden; ein Theil des
Inhalts, eben jene von Flavius genannte Schrift De
triplici funiculo, ist von Dr. Nerger im Jahre 1886
unter ihrem niederdeutschen Titel „Dat Boteken van deme
Repe" veröffentlicht worden.

36. Joachim Slüters Auftreten.

Joachim Slüter war zu Dömitz als der Sohn eines
Fährmanns Kutzer oder Kutzker geboren, wurde aber nach
seinem Stiefvater gewöhnlich Slüter genannt. Ueber seinen
Entwickelungsgang liegen leider keinerlei Nachrichten vor.
Freilich hat man aus der Angabe Gryses: Gott habe,
nachdem er durch den ersten evangelischen Prediger zu
Wittenberg und in ganz Deutschland die reine Lehre der
göttlichen Wahrheit sechs Jahre vorher an den Tag ge=
geben, von der Elbe her, als an welchem Wasser Witten=
burg gelegen, den Mag. Joachim Slüter, „des Lutheri
Discipel", erweckt und ihn im Jahre 1523 zu seinem
Diener erwählt, — den Schluß ziehen wollen, daß Slüter
in Wittenberg studirt habe; aber diese Folgerung wird

durch die Wittenberger Matrikel widerlegt, in welcher
Slüters Name nicht vorkommt. Wenn bei den bestimmten
Nachrichten Gryses die Annahme eines Irrthums hinsicht=
lich des Geburtsortes Slüters möglich wäre, so könnte
man den am 2. October 1493 immatrikulirten Joachim
Slüter aus Röbel für unsern Slüter halten und solchen
Irrthum Gryses daraus erklären, daß Slüters Nachfolger
an der Petrikirche Joachim Schröder laut seiner Intitula=
tion vom 4. Juni 1522 aus Dömitz stammte. Eine Unter=
suchung über den kirchlichen Standpunkt Slüters, die uns
vermuthlich auch einen Schluß auf seinen Entwickelungs=
gang gestatten würde, fehlt bisher und kann natürlich nur
von theologischer Seite erwartet werden.

Im Juli 1525 forderte Antonius Becker, Kaplan zu
St. Nikolai, Slüter zu einer Disputation über die Messe
auf, die unter dem Vorsitz Dr. Barthold Mollers im theo=
logischen Lektorium stattfinden sollte; dabei stellte er die
Bedingung auf, daß Slüter sich vorher über die aufge=
stellten Thesen schriftlich äußere und daß die Disputation
in lateinischer Sprache gehalten werde. Slüter antwortete
ihm am 2. August in einer lateinischen, mit griechischen
und hebräischen Stellen aufgeputzten Zuschrift abweisend:
Beckers Absicht gehe nur dahin, seinen Gesinnungsgenossen
Gelegenheit zu geben, ihn zu überstimmen und seine Lehre
zu verurtheilen; es scheue sich derselbe vor einer Disputa=
tion in deutscher Sprache, weil er fürchte, daß seine Weis=
heit vor den Unweisen zu Schanden werde. Der Rath
ließ Becker und Slüter vor sich auf die Schreiberei kom=
men und legte Beiden Stillschweigen auf, da durch solche
Erörterungen die Bürger nicht gebessert, sondern nur auf=
geregt würden.

In eben diesem Jahre mußte Slüter nach Gryses

Bericht aus der Stadt weichen, um erst nach mehr als drei Vierteljahren zurückzukehren. Wer ihn aus der Stadt gewiesen hat, wird nicht gesagt; aus einem Schreiben, das der bischöfliche Official Joachim Michaelis am 22. Oktober an Herzog Heinrich richtete, erhellt aber, daß Slüter durch sein rücksichtsloses Vorgehen sich die Unhuld des Herzogs zugezogen hatte. Da der Herzog ihm befohlen habe, so etwa schreibt Michaelis, ihm Meldung zu machen, falls der Kaplan Herr Joachim Slüter trotz des an ihn ergangenen Verbotes Aufrührerisches predige, so zeige er ihm hiermit an, daß derselbe sich um dieses Verbot nicht kümmere, sondern fortfahre zu höhnen und zu tadeln; von den Bauern werde bereits die Leistung des Bischofszehnten verweigert, denn der von dem Fürsten selber bestellte Kaplan lehre, die Bischöfe wären zum Predigen da, predigten aber nicht und hätten deshalb auch kein Recht auf den Zehnten. Wohin Slüter sich wandte, ist unbekannt. Nach Rostock kehrte er 1526 mit Genehmigung Herzog Heinrichs zurück.

Ein zweites Schreiben des bischöflichen Officials, das ebenfalls aus dem Jahre 1525 stammen soll, wird richtiger dem Jahre 1526 zuzuschreiben sein. Am gestrigen Tage, heißt es hier, sind die Quartiermeister und die Aelterleute vor den Bürgermeistern gewesen und haben begehrt, daß die Priester, Mönche und Nonnen ebensowohl wie die Laien mit der Karre in den Graben gehen und Wallarbeit thun sollen; „das kommt von den Predigten her, welche der Kaplan Joachim Slüter allewege gegen die Geistlichkeit richtet“. In Folge dieser oder doch einer entsprechenden Nachricht befahl Herzog Heinrich dem Rath am 17. Juni 1526, die Klerisei nicht mit der Grabenarbeit zu beschweren.

Zu Anfang dieses Jahres kam Dr. Johann Olden=
dorp, geboren in Hamburg 1480, ein Schwestersohn des
Dr. Albert Krantz, der 1504 in Rostock immatrikulirt
worden war, von Greifswald, wo er eine ordentliche Pro=
fessur bekleidet hatte, als Syndikus nach Rostock. Er war
eine unruhige Natur und, wie es scheint, zweifelhaften
Charakters, aber ein Mann von großer Geschäfts= und
Menschenkenntniß, ein ausgezeichneter Rechtsgelehrter und
ein eifriger Anhänger und Vorkämpfer der Reformation.
Etwa gleichzeitig verließ Dr. Barthold Moller die Stadt,
um in Hamburg das ihm angetragene Amt eines Lector
primarius zu übernehmen und — freilich erfolglos — der
fortschreitenden Umgestaltung der kirchlichen Verhältnisse
entgegenzutreten.

Ein Streit, der in diesem Jahre zwischen den Franzis=
kanern und den Dominikanern Rostocks wegen der unbe=
fleckten Empfängniß der Maria stattfand, konnte, schon als
Zeichen der Uneinigkeit im Heerlager der Gegner, der luthe=
rischen Sache nur zum Vortheil gereichen.

Für das Jahr 1527 macht sich der Mangel an be=
glaubigten Nachrichten besonders fühlbar. Der Rath muß
in der Besorgniß vor irgend einem Vorhaben Slüters das
Einschreiten Herzog Heinrichs angerufen haben; am
26. August antwortet der Herzog, er habe Slüter durch
seinen Sekretär Sebastian Schenk sagen lassen, er solle sich
seines Vorhabens bis zu einer persönlichen Unterredung
mit ihm selbst enthalten. Nach Gryse's Bericht ist Herzog
Heinrich in diesem Jahre nach Rostock gekommen, hat
Slüter zu sich berufen lassen und hat ihn schließlich mit
einem neuen Priesterkleide beschenkt. Was Gryse sonst von
dieser Unterredung zu erzählen weiß, ist zur Erläuterung
jenes Schreibens unbrauchbar.

37. Valentin Kortes Anstellung und Slüters Verehelichung.

Am 28. April 1528 wurde auf Anbrängen der auf dem Rathhause versammelten Bürgerschaft der frühere Lesemeister zu St. Katharinen, Valentin Korte, der sich zu der neuen Lehre bekannt hatte, vom Rath zum Prediger an der heil. Geist = Kirche bestellt. Gryse macht ihn zum Sohn eines Barbiers in Lebus; doch ist er 1512 als Valentinus Corte de Lubeca zu Rostock immatrikulirt worden. Er war ein besonnener, gelehrter Mann, der dem allzu hastigen Vorgehen der von Oldendorp und Slüter geleiteten Volkspartei entgegenzutreten wußte und sowohl in Rostock wie in Lübeck in hohem Ansehen stand,

In demselben Jahre soll Gryses Angabe zufolge Paschen Gruwel als Kaplan Slüters zu St. Petri bestellt worden sein. Da aber Slüter selbst als Kaplan von Herzog Heinrich eingesetzt worden war, so wurde vermuthlich Gruwel nur zum Schulmeister angenommen, der in Ausnahmefällen Slüter im Predigtamt zu vertreten hatte. Lukas Bacmeister läßt ihn aus Lenzen stammen; doch ist er zu Rostock am 3. Mai 1516 als Pasca Gruwel de Malchin immatrikulirt worden.

Am 19. Mai verließ Dr. Bartholb Moller seine Vaterstadt, in der am 28. April die Reformation im Entscheidungskampfe obgesiegt hatte, und kehrte nach Rostock zurück. Er nahm die frühere Stellung am Dom und an der Universität wieder ein; aber seine Kraft war gebrochen; im Herbst 1529 aufs Neue zum Rektor erwählt, starb er in seinem Rektorat am 12. März 1530.

Durch Mollers Rückkehr ermuthigt, ließ der Kaplan Wolfgang Sager an der Marienkirche an Slüter die Herausforderung ergehen, die von ihm vorgetragene Lehre, die der Wahrheit widerstritte, in einer Disputation gegen ihn zu vertheidigen. Slüter sandte am 21. August das von Sager erhaltene Schreiben mit einer lateinischen Antwort an den Rath ein, indem er es von dessen Entscheidung und Herzog Heinrichs Beschluß abhängig machte, ob er diese Antwort veröffentlichen und dieselbe mündlich gegen Sager vertreten würde. Die Entscheidung des Rathes ist uns nicht erhalten, aber zweifelsohne war sie ablehnend.

In der Woche nach Michaelis begab sich Slüter, dem von Luther am 13. Juni 1525 gegebenen Beispiele folgend, in den Ehestand. Das war, seitdem der aus Lübeck vertriebene Thomas Aberpul mit seiner Frau nach dem Klützer Ort gekommen und in Gressow zum Pfarrer bestellt worden war (1526), in Mecklenburg nichts Unerhörtes mehr, mußte aber in Rostock dem an der alten Lehre festhaltenden Theile des Raths und der Bürgerschaft zu großem Anstoß gereichen. Gryses Angabe zufolge vermählte sich Slüter mit Katharina Gele, der Tochter eines im Kirchspiel St. Petri wohnenden Kleinschmiedes. Nach einer Eingabe Slüters, welche er am 16. Mai 1528 an den Rath richtete, hatte er sich in vergangenen Zeiten mit einer Jungfrau unter Genehmigung ihrer Eltern und in Gegenwart zweier Zeugen verlobt; hernach aber war ihm dieselbe von ihrem Vater, Joachim Sybern, verweigert worden, weil der Rath, wie Sybern mit sechs Bürgern zu bezeugen sich anheischig machte, ihre Verehelichung mit Slüter verboten hatte; Slüter suchte demgemäß bei dem Rath um die Aufhebung eines Verbotes nach, das Gott und der Natur widerstritte, erklärte sich aber bereit, die Gültigkeit dieser seiner Eheberedung mit Sybern und dessen Tochter dem Urtheil des Rathes zu unterwerfen, wenn dasselbe nicht Gott und seiner Ehre zuwiderlaufe und

wenn es der Rath in seiner und seiner Freunde Gegen=
wart in das Stadtbuch eintragen lassen und vor Gott und
Menschen verantworten wolle. Da uns die Antwort des
Rathes nicht vorliegt, so bleibt das Sachverhältniß dunkel.
Joachim Sybern, den Slüter als Vater seiner Frau be=
zeichnet, wohnte in der Pelzergrube, kommt als Achim
Siverdes oder Joachim Sybern 1513—1545 in den
Schoßregistern vor und scheint im Jahre 1550 gestorben
zu sein; der Name Gele ist bisher nicht aufgefunden wor=
den; ein Klaus Schele wohnte 1513—1531 in der
Schmiedestraße der Altstadt. Die Annahme, daß Joachim
Sybern der Stiefvater der Katharina Gele gewesen sei,
wird sich nicht halten lassen, da Slüter ausdrücklich von
der Tochter Syberns und der Zustimmung ihrer Eltern
redet. Es muß also entweder Slüter wegen der Weige=
rung des Brautvaters eine anderweitige Ehe eingegangen
sein oder Gryse sich bezüglich des Familiennamens geirrt
haben. Der Rath wagte, wie es scheint, nicht, Slüter die
Ehe zu verwehren, verharrte aber bei seiner Mißbilligung
und verbot den Rathsspielleuten die Betheiligung an der
Hochzeit. Statt der Musik ließ Slüter die Glocken der
Petrikirche läuten, in der Paschen Gruwel ihn und seine
Braut traute und als Ehegatten einsegnete.

38. Die Anstellung lutherischer Prädikanten.

Ein neuer Ansturm des Lutherthums fand im Jahre
1529 statt, wurde aber vom Rath zurückgeschlagen. Nach
der Erzählung Gryses, auf die allein wir hier angewiesen
sind, erlangten die lutherisch gesinnten Einwohner des
Jakobi=Kirchspiels, daß der Rath ihnen die Annahme eines
Prädikanten Barthold zugestand; die Gegenpartei setzte
aber durch, daß derselbe sein Amt bald wieder niederlegen

mußte und nicht mehr öffentlich in der Jakobikirche pre= digen durfte. Darüber erbittert, hielten die Lutheraner in der Heil. Geist=Kirche Versammlungen ab und bestürmten auf der Schreiberei den Rath mit dem Ansuchen, dem Barthold die Predigt in ihrer Kirchspielskirche wiederum zu gestatten. Da der Rath ihnen vorstellte, daß das Zu= geständniß ihrer Forderung Unheil und Aufruhr hervor= rufen würde, so erwiderte ihm der Wortführer der Bürger= schaft, Joachim Rosin, das ganze Kirchspiel wolle aber, daß Barthold Prädikant bleibe. Der Rath nahm sich Bedenkzeit und soll sodann durch seine Diener jeden Bür= ger für sich in seinem Hause haben befragen lassen, ob es sein Wille wäre, daß der lutherische Prädikant Barthold in seiner Stellung verbliebe. Als nun Joachim Rosin sich überzeugte, daß bei dem Wankelmuth der Menge die Ab= stimmung zu seinen Ungunsten ausfallen werde, entzog er sich der Verantwortung seines Auftretens durch die Flucht. — Auf diesen ganzen Bericht ist freilich wenig Verlaß. Bei dem besonderen Verhältniß, in dem die Jakobikirche zu den Herzögen stand, ist das anfängliche Zugeständniß des Rathes durchaus unglaubhaft; auch die Abstimmungsweise mittels Umfragens von Haus zu Haus durch die Raths= diener kann schwerlich richtig sein; endlich ist auch der Prädikant Barthold, wie es scheint, erst 1531 von Lübeck nach Rostock gekommen. Trotz dieser Bedenken wird man jedoch die Erzählung nicht völlig aufgeben dürfen, sondern die Bewegung des Jakobi=Kirchspiels zu Gunsten des Lutherthums und die Leitung derselben durch Joachim Rosin festhalten müssen.

Als die damaligen Führer der Katholiken bezeichnet Gryse den Official (richtiger Archidiakonus) Detlev Dan= quardi, den (späteren?) Senior Mag. Johann Lindberg, den Scholastikus und großen Schulmeister Johann Katte, die Domherren Peter Sternberg und Johann Timme, ferner Christian Dalwitz, der 1532 als einer der Kalands=vorsteher genannt wird, einen unbekannten Peter Lützow und den Leiter der Regentie zum Halbmond. In Folge der von ihnen geführten Beschwerde sollen zwischen den Herzögen und dem Rath scharfe Schreiben gewechselt worden sein.

Was das Jakobi = Kirchspiel 1529 vergeblich erstrebt hatte, erreichte das Kirchspiel St. Marien im Jahre 1530. Leider fehlen uns hier wieder alle näheren Nachrichten; offenbar aber waren die Vorgänge von Einfluß, welche in Lübeck begonnen hatten. — Dort hatte der Rath, der bisher die alte Lehre streng aufrecht gehalten hatte, der lutherisch gesinnten Bürgerschaft am 10. December 1529 nachge=geben, zwei abgesetzte Geistliche, Andreas Wilmsen und Johann Walhof aus Kiel und Rostock zurückberufen und sie am 7. Januar 1530 als Prediger anstellen müssen; am 2. April erlangte die Bürgerschaft, daß in den vier Kirchspielskirchen nur die neuerdings angenommenen fünf Prediger predigen dürften; am 8. Mai wurden neben Wilmsen und Walhof zwei Prediger, die bereits verehelicht waren, angestellt. — Die für St. Marien bestellten Prädi=kanten waren Matthäus Ebbeler und Peter Hakendahl. Ebbeler wurde kurz vor Ostern berufen, hielt seine erste Predigt am dritten Osterfeiertage, am 19. April, über die Buße und bekämpfte am folgenden Sonntage, dem 24. April, den Glauben an die fünf Wunden des h. Franziskus. Früher war er Kaplan in der Pfarrkirche zu Güstrow ge=wesen; als er am 17. September 1525 zum Dechanten des dortigen Kalands erwählt worden war, hatte er noch in dem Kalandsbuche der Nachricht über seine Wahl die

9*

Bemerkung hinzugefügt: „Das war zu der Zeit, als die Secte der martinistischen Ketzer in Güstrow grassirte".

Einige Monate nach Ebbeler wurde Peter Hakenbahl oder, wie er selbst sich schrieb, Hanekenball zum Prädikanten angenommen.

Spätestens in diesem Jahre, vermuthlich aber schon früher, wurde auch der Kaplan von St. Nikolai, Antonius Becker, der ehemalige Gegner Slüters, für die lutherische Lehre gewonnen.

39. Die Ordnung des Raths in Sachen der Religion.

Langsam und nur bei besonderen Gelegenheiten wahrnehmbar waren die Fortschritte der reformatorischen Bewegung. Der lutherisch gesinnte Theil der Bürgerschaft vergrößerte sich, der katholisch gesinnte Theil des Rathes verlor Oldendorp gegenüber das Uebergewicht; Herzog Heinrich, persönlich der Sache Luthers ergeben, als Vater des Bischofs von Schwerin an der Erhaltung der alten Verhältnisse interessirt, griff bald in diesem, bald in jenem Sinne ein und ließ schließlich die Dinge gehen, wie sie eben gingen. Dem Wunsche Luthers zufolge hatte der Herzog am 18. December 1529 dem Rathe befohlen, den Michaelisbrüdern den Druck des neuen Testaments von Hieronymus Emser zu verbieten; im Jahre 1531 berief sich dagegen das Domkapitel hinsichtlich der Festhaltung der Ceremonien auf seinen Befehl.

Zum 30. December 1530, Freitag nach Weihnacht, wurden die gesammten Kirchherren und Prädikanten nach der Schreiberei entboten. Von katholischer Seite erschienen — nach Gryses Bericht — Nikolaus Francke als Kirchherr zu St. Marien, Peter Boye als stellvertretender Kirchherr der Jakobi-Kirche, Johann Katte als Kirchherr zu St. Ni=

kolai, Matthäus Katte und viele Andere; von lutherischer
Seite Matthäus Ebbeler und Peter Hakendahl von
St. Marien, Antonius Becker von St. Nikolai, Joachim
Slüter als Kaplan zu St. Petri, Valentin Korte vom
heiligen Geist und — angeblich — jener Barthold von
St. Jakobi. „Um dem ungestümen Vorgehen des ge-
meinen Volkes zuvorzukommen und Jedermanns Gewissen
zu beruhigen", einigte sich, wie es heißt, der Rath, beziehentlich dessen Abgeordnete, mit beiden Parteien über
eine Ordnung in Religionssachen, die am 2. Januar 1531
den dazu abermals auf die Schreiberei vor die Abgeordneten des Rathes, Syndikus Dr. Johann Oldendorp, Veit
Oldenborch, Joachim Quant, Nikolaus Beselin, Heinrich
Bolweman und Rathssekretär Peter Sasse, geforderten
Kirchherren und Prädikanten durch den Notar Thomas
Barkhusen vorgelesen und zur Befolgung überreicht
wurde. Dieser Ordnung zufolge sollten in allen Kirchen
die Prädikanten nach Vorlesung des Textes das Wort
Gottes rein und unverdunkelt aus den biblischen Schriften
erklären und das demselben Widersprechende bekämpfen
und aus der Menschen Herzen reißen; die Neuordnung der
Ceremonien blieb dem Rathe überlassen; der Gemeinde-
gesang wurde gestattet, sollte sich aber auf zwei Psalmen,
einen vor und einen nach dem Sermon, beschränken; die
Anhänger der Sekte Zwinglis wurden vom Predigtamt
ausgeschlossen.

Hatte aber der Rath in der Ordnung vom 30. December sich vorbehalten, eine Entscheidung darüber zu
treffen, welche Ceremonien beizubehalten und welche als
unbegründet allmählich, ohne Beunruhigung der Gewissen,
abzuschaffen wären, so war er doch nicht gewillt, dabei
nach eigenem Gutdünken zu verfahren; vielmehr ließ er,

und vermuthlich doch gleichzeitig, an beide Parteien die
Aufforderung ergehen, sich in dieser Richtung zu äußern.
Gryse, der die Verhandlungen vom 2. Januar nicht aus=
drücklich erwähnt, scheint doch in Bezug auf sie zu berichten,
daß kurz nach der Abfassung der Ordnung vom 30. De=
cember die lutherischen Geistlichen von den bereits nam=
haft gemachten Abgeordneten des Rathes um ihre Ansicht
befragt worden seien. Die Lutheraner antworteten sofort
mündlich, ließen aber auch durch Joachim Slüter ein
schriftliches Gutachten ausarbeiten, das, von ihnen allen
unterzeichnet, dem Rath am 10. März eingereicht wurde.
Dieses Gutachten ist auch hernach von Ludwig Dietz ge=
druckt worden, jetzt aber leider nur durch die Nachrichten
bekannt, die Gryse über dasselbe mitgetheilt hat. Nach der
Andeutung Gryses wären nunmehr die Katholiken zum
24. März auf das Rathhaus gefordert, um über die ihnen
mitgetheilte Erklärung der Lutheraner ihre Meinung ab=
zugeben; doch stimmt das nicht ganz mit den uns glück=
licherweise erhaltenen vollständig gleichzeitigen Berichten
des Domkapitels.

Am 23. März wurden die Katholiken vor fünf Ab=
geordnete des Raths — Dr. Johann Oldendorp, Veit
Oldenborch, Joachim Quant, Nikolaus Dobbin (?) und
Heinrich Boldewan — auf die Schreiberei entboten, um
wegen einer Aenderung der Ceremonien, die des stürmischen
Haufens halber nothwendig wäre, Vorschläge zu machen.
Auf ihren ersten Einwand, daß ja die lutherischen Prädi=
kanten sich unter einander selber nicht einig seien, er=
widerte Oldendorp, dieselben seien sich durchaus einig, aber
der Rath wolle ihnen nicht zustimmen, ehe er nicht auch
ihr Gutdünken vernommen habe. Nun begehrten sie eine
achttägige Bedenkzeit, da sie sich vorher mit den Herzögen

und Bischof Magnus verständigen müßten; die Raths=
beputirten lehnten aber diese Forderung ab, da ihnen bei
der Aufregung der Bevölkerung inzwischen etwas zustoßen
könne, wofür der Rath nicht verantwortlich gemacht werden
wolle. Darauf traten die Katholiken ab, um schleunigst
durch zwei nach Schwan gesandte Abgeordnete den bischöf=
lichen Official Joachim Michaelis, Herzog Heinrich und
Bischof Magnus um Rath und Hülfe zu bitten; über
irgend eine Gewaltthätigkeit, so heißt es in deren Instruk=
tion, können sie sich bisher nicht beklagen, aber sie seien
dadurch in Verlegenheit gesetzt, daß einerseits der Rath
der Bevölkerung wegen von ihnen eine Erklärung über die
Ceremonien verlange, ohne sich seinestheils über das, was
abgestellt und was beibehalten werden solle, zu äußern,
während ihnen andererseits von Herzog Heinrich die Bei=
behaltung aller Ceremonien befohlen worden sei. Ein
diesem Abgesandten nachgeschicktes Schreiben berichtete, daß
auch Joachim Slüter mit einem andern Prädikanten nach
Schwan gefahren sei, vor denen man sich in Acht
nehmen möge.

Zum folgenden Tage, dem 24. März, waren die
Lutheraner zu 8 Uhr, die Katholiken zu 9 Uhr vor den
ganzen Rath gefordert. Letztere, denen Herzog Heinrich
inzwischen hatte antworten lassen, sie sollten die Ceremonien
nicht fallen lassen, suchten zuerst wieder um eine achttägige
Frist nach und erklärten sodann, unter Berufung auf den
Befehl Herzog Heinrichs, sie hätten keine Veränderungen
der Ceremonien vorzuschlagen. Darauf antwortete ihnen
der Rath zu ihrer nicht geringen Bestürzung, sie möchten
während der nächsten Tage in den Kirchen keinen andern
Gottesdienst als das Hochamt halten; inzwischen wolle er
seinerseits auf Aenderungsvorschläge bedacht sein. Das

hörten, wie Gryse berichtet, die Katholiken — Propst Nikolaus Francke, Dechant Franciscus (wohl der Kalands= Dechant Franciscus Andreae), Mag. Johann Likefett und mehrere Andere — stillschweigend an und gingen zornig von bannen.

Am Mittwoch, dem 19. März, wurde die katholische Priesterschaft vor den sitzenden Rath entboten, um dessen Vorschläge entgegenzunehmen und sich darüber zu erklären. Diesen Vorschlägen zufolge sollten erstens Gesänge, welche in der heil. Schrift begründet wären, auch in lateinischer Sprache gebraucht werden dürfen; es sollte zweitens das Abendmahl vor dem Hochaltare täglich in lateinischer Sprache, unter Weglassung der Canones, ausgetheilt, doch auch denjenigen, welche dasselbe nur in einer Gestalt be= gehren würden, nicht vorenthalten werden; den Prädikanten wären drittens einige Mitglieder der Priesterschaft als Beichtväter beizuordnen; viertens müßte Sonntags am Vormittag in allen und am Nachmittag wenigstens in zweien Kirchen eine Predigt gehalten werden; fünftens sollte das Sakrament, wenn es von Kranken verlangt würde, vorläufig noch mit dem voraufgehenden Glöcklein über die Straße getragen, dem Kranken aber nach seinem Begehren in beiderlei oder in einer Gestalt dargereicht werden.

Auf diese Vorschläge antwortete die katholische Priester= schaft am 30. März, sie sei bereit, sich dieselben eine kurze Zeit gefallen zu lassen, jedoch unter der Bedingung, daß die Austheilung oder Darreichung des Sakraments nur durch den Pastor oder einen seiner Kaplane geschehe, und daß, wenn in Fällen der Noth einer von der übrigen Priesterschaft das Sakrament auszutheilen oder Kranken ins Haus zu bringen habe, dieser nicht verpflichtet sei, die

Canones wegzulaſſen oder das Sakrament in beiderlei Ge=
ſtalt darzureichen, denn ſelbſt wider den Gebrauch der
Kirche zu handeln, widerſtreite ihrem Gewiſſen, wogegen
ſie diejenigen, welche etwa der Rath dazu beſtellen würde,
zeitweilig geduldig gewähren laſſen müſſe.

Um dem Rath entgegenzukommen, ohne der Prieſter=
ſchaft Etwas zu vergeben, entſchloß ſich der biſchöfliche
Official Joachim Michaelis, ſeinerſeits das Hochamt am
31. März, Freitag vor Palmſonntag, in der vorgeſchlage=
nen Form, alſo unter Weglaſſung der Canones und unter
Darreichung des Sakraments in beiderlei Geſtalt, in der
Marienkirche zu halten.

Darüber erbittert, verſammelten ſich Palmſonnabend,
am 1. April, etwa 250 Bürger auf dem Neuen Hauſe
und verlangten von dem Rath, daß der Gottesdienſt in
der Marienkirche von deren eigenen Geiſtlichen gehalten
werde. Der Rath mußte nachgeben und ließ — wie es
ſcheint — den Prieſtern zu St. Marien durch zwei ſeiner
Mitglieder, Thomas Kaſche und Nikolaus Veſelin, befehlen,
ſelber den Gottesdienſt auf die neue Weiſe zu halten und
damit der Altersfolge nach alsbald zu beginnen. Ein
gleiches Anſinnen ſtellten im Auftrage des Rathes zwei
Bürgermeiſter und zwei Rathsherren an das Domkapitel
bezüglich der Jakobikirche; das Kapitel verharrte aber bei
ſeiner früheren Antwort und erklärte, lieber die Kirche
ſchließen und Roſtock verlaſſen zu wollen. Da trat, nach
einem Berichte des Domkapitels, „ein armer elender Prieſter,
der vor Kurzem aus Lübeck gekommen war", offenbar jener
Prädikant Bartholb, der 1532 nach Riga ging, mit dem
Anerbieten hervor, daß er das Teſtament halten wolle;
der biſchöfliche Official gab ihm die Erlaubniß dazu und

das Kapitel mußte wohl oder übel seine Besoldung über=
nehmen.

Am folgenden Tage, Palmsonntag, am 2. April,
wurde zum ersten Male in sämmtlichen Pfarrkirchen Rostocks
der Gottesdienst auf die neue Weise gehalten: es unter=
blieben die Marienzeiten, die Lesemessen und die an diesem
Tage übliche Palmweihe, die große Orgel wurde gespielt
und das Abendmahl in beiderlei Gestalt ausgetheilt.

40. Die Reformation der Jakobikirche.

In Lübeck weilte seit dem 26. Oktober 1530 Johann
Bugenhagen, um auch in dieser Stadt, wie vorher schon
in Braunschweig und Hamburg, die kirchlichen Verhältnisse
zu regeln. Hier besuchten ihn, seinem eigenen Zeugniß
nach, diejenigen beiden Männer, denen — abgesehen von
dem Syndikus Johann Oldendorp — Rostock für die
Durchführung der Reformation am meisten zu danken hat,
Joachim Slüter und Valentin Korte.

Ueber den Letzteren hat Bugenhagen, dem Charakter
seines Schreibens nach, wenig zu berichten: er wich nirgend=
wie von den Lehren ab, welche Bugenhagen vertrat, und
die Lübecker hätten ihn gern zu ihrem Prädikanten ge=
wonnen. Ueber Slüter dagegen war Bugenhagen vorher
mancherlei zu Ohren gekommen; er nahm ihn deshalb mit
sich auf seine Schlafkammer und redete ihn offen darauf
an. Slüter stellte Einiges in Abrede, gab Anderes zu
und verständigte sich mit Bugenhagen über Alles in Güte.
Entschieden wies er die Verdächtigung zurück, daß er mit
den Sakramentschändern, den Anhängern Zwinglis, über=
einstimme, und in Bezug auf die Beichte erhob er keinerlei
Widerspruch. Unnöthige Neuerungen versprach er zu ver=
meiden, das Singen lateinischer Gesänge, wenn keine Laien

vorhanden sein würden, zuzulaſſen, ſich in Uebereinſtimmung
mit den übrigen Prädikanten, ſoweit thunlich, nach der
Lübiſchen Kirchenordnung zu richten und allen Fleiß anzu=
wenden, um einen guten Schulunterricht zu beſchaffen. Der
Obrigkeit erklärte er den⸱ gebührenden Gehorſam erweiſen
zu wollen; ſein früheres Verhalten gegen dieſelbe begründete
er mit der anfänglichen Noth des Evangeliums. Endlich
verſprach er auch, ſich des unnützen Scheltens zu enthalten
und über dem Kampf mit den Wölfen die Weide ſeiner
Schafe nicht zu vernachläſſigen.

Nach der Bezugnahme auf die Lübiſche Kirchenordnung
zu urtheilen, die vom 27. Mai 1531 datirt, wird die Zu=
ſammenkunft Slüters mit Bugenhagen etwa im Sommer
dieſes Jahres ſtattgefunden haben. Am 1. Juli (die
Jahreszahl 1530 kann nicht richtig ſein) ſchickte Bugen=
hagen aus Lübeck dem Rath einen Prediger, Reimar, zu;
wenn auch aus Deventer gebürtig, werde er doch bei lang=
ſamem Sprechen wohl in Roſtock verſtanden werden.

Vielleicht geſchah es unter dem Einfluſſe der Lübiſchen
Ordnung, daß in Roſtock eine neue Regelung der Cere=
monien zu Stande kam. Leider wiſſen wir von derſelben
nur das Eine, daß ihr zufolge das Teſtament nicht mehr
in lateiniſcher, ſondern in deutſcher Sprache gehalten wer=
den ſollte.

Am 13. September fanden zwiſchen den Abgeordneten
des Rathes, Dr. Johann Oldendorp, Veit Oldenborch,
Nikolaus Veſelin, Hinrich Boldewan, Joachim Vos und
Hans von Herverden, einerſeits, und der Geiſtlichkeit von
St. Jakobi, den Domherren Johann Katte, Joachim Hel=
mes, Johann Timme, vierzehn Vikaren und dem Schul=
meiſter Magiſter Arnold, andererſeits, dieſer Neuerung
wegen Verhandlungen ſtatt. Die Geiſtlichen hatten die

Kirchenvorsteher gefragt, ob es auf ihrer Anordnung be-
ruhe, daß der lutherische Prediger das Testament in
deutscher Sprache halte, und auf deren verneinende Antwort hin hatten sie begehrt, daß demselben das Predigen
untersagt werde. Olbendorp legte ihnen die Fragen vor,
ob sie die Rechtmäßigkeit eines solchen Verbotes darzuthun
vermöchten und ob sie Willens wären, der Stadt für die
etwaigen Folgen desselben einzustehen. Darauf antwortete
Katte, über die Rechtmäßigkeit zu disputiren werde von
ihnen der Universität überlassen; lieber aber wollten sie
Leben und Gut verlieren, als daß ihretwegen die Stadt
Schaden erleiden sollte. Nun erklärte ihnen Olbendorp,
obgleich der Rath durchaus nicht beabsichtige, einen Ein-
griff in das Patronatsrecht der Fürsten zu thun, und obgleich er die Priester in ihren Lehen nicht zu kränken,
sondern zu beschirmen gemeint sei, so müsse er doch sich
vorbehalten, wegen des übrigen Kirchenguts zu verfahren,
wie er es vor Gott und den Menschen verantworten wolle,
und könne nicht länger dulden, daß man über Ketzer und
Ketzerkirchen schreie und daß die Stadt von 10 oder
12 Personen in Gefahr gestürzt werde. Darauf machte
er ihnen dann die folgenden Vorschläge: an den Wochen-
tagen können die Geistlichen Vormittags aus dem Psalmisten
Davids so viele Psalmen singen, wie sie wollen, die Lek-
tion aus dem alten Testament halten (doch nicht aus den
Brevieren zu lesen) und mit einer Kollekte über das Gebet
des Herrn abschließen; auch Nachmittags können sie eine
Stunde lang Psalmen singen; zum Gesange sollen sie aber
nicht mit Chorröcken und Chorkappen, sondern in ehrbarer
Kleidung erscheinen; beim Testament werden die üblichen
Gewänder beibehalten; das Testament darf jedoch nur
dann gehalten werden, wenn Kommunikanten vorhanden

sind. Um den Vorwurf zu vermeiden, daß er allzutief in die Angelegenheiten des Doms eingreife, will der Rath, daß in demselben wöchentlich nur einmal, am Sonntag, geprebigt werde; die Kosten des sonntäglichen Kirchengesanges will der Rath übernehmen und sich deswegen mit einem Schulmeister vergleichen; es soll also die Priesterschaft Sonntags sich weder um den Gesang zu bekümmern, noch sonst Etwas in der Kirche zu schaffen haben, an den Werktagen dagegen dieselbe ihnen überlassen bleiben. Gegen diese Vorschläge wandte Katte ein, daß ihnen die Chorröcke und Chorkappen von der Kirche vorgeschrieben wären, und bat spöttisch Olbendorp um Rath, wie sie sich demnach zu benehmen hätten. Olbendorp wies sie deswegen an die lutherischen Prediger und fragte sie, ob sie die Vorschläge des Rathes annehmen wollten. Katte erwiderte, er werde sich in dem, was er zu thun habe, von seinem Gewissen leiten lassen; die Uebrigen antworteten, einzeln, wie sie befragt wurden, ihr Gewissen verbiete ihnen die Annahme. Nun befahl ihnen Olbendorp im Namen des Rathes, weder das Testament zu halten, noch Beichte zu hören, noch Taufen vorzunehmen, und sich in Bezug auf ihr Singen nach den ihnen mitgetheilten Bestimmungen zu richten.

Am folgenden Sonntag, am 17. September, wurde in der Jakobikirche der Gottesdienst in feierlicher Weise gehalten. Zur Aushülfe kam, wie Gryse berichtet, Antonius Becker von St. Nikolai mit seinem lutherischen Schulmeister; unter der Leitung des Letzteren wurden deutsche Psalmen gesungen; die Predigt ward von Bartholb, das Testament von Becker gehalten; das Abendmahl wurde in beiderlei Gestalt ausgetheilt, indem Becker den Kommunikanten den Leib, Bartholb ihnen das Blut Christi barreichte.

Am 25. September ging der Rath gegen die Katho=
liken einen weiteren Schritt vor. Die vorhin genannten
sechs Rathsmitglieder ließen Dr. Peter Boye als Vice=
bechanten der Domkirche durch einen Notar anzeigen, bei
dem augenscheinlichen schnellen Verfall der von ihm be=
wohnten Wedem müßten für den Fall eines völligen Ruins
Rath und Kirchspiel ihn verantwortlich machen. Eine
gleiche Anzeige erging an Propst Nikolaus Francke wegen
der Wedem der Marienkirche; ihm gegenüber wurde hin=
zugefügt, da der Dompropst früher den beiden Kaplänen
und dem Schulmeister zu St. Marien entweder die Kost
oder eine Geldentschädigung verabreicht habe, was jetzt
von ihm verweigert werde, so wolle der Rath, der ihn
gern in seinen Einnahmen schützen würde, nicht dafür ver=
antwortlich sein, wenn ihm aus dieser Weigerung Unwille
erwachse. Zweifelsohne gaben daraufhin Francke und Boye
die bisher von ihnen benutzten Pfarrwohnungen auf, an
denen, wie es scheint, der Pöbel sein Müthchen zu kühlen
geneigt war. Boye soll den Herzögen schon am 19. Mai
geschrieben haben, er sei veranlaßt worden, sich des Regi=
ments der Domkirche zu begeben und seine eigene Wohnung
in der Altstadt zu beziehen.

Die erledigte Wedem von St. Marien wurde wohl
Valentin Korte übergeben, der nach Gryses Bericht in
diesem Jahre den beiden bisherigen Prädikanten an der
Marienkirche, Matthäus Ebbeler und Peter Hakendahl,
beigeordnet und — der erste in Rostock — zum Pastor
ernannt wurde. Hakendahl blieb in der bisherigen Stel=
lung bis zu seinem 1557 oder 1558 erfolgten Tode,
Ebbeler dagegen scheint an Kortes Stelle zum Prediger
an der heil. Geistkirche ernannt worden zu sein.

41. Der Zwist unter den lutherischen Geistlichen.

Einer Meinungsverschiedenheit unter ben lutherischen Geistlichen gebenkt Gryse zum Jahre 1531. Der Fort= gang des Evangeliums, sagt er, hat nicht nur die Dom= pfaffen und ihren Anhang, sondern auch ben Teufel ver= broffen; um bie empfangene Scharte wieder auszuwetzen, hat er Zwietracht unter bie lutherischen Geistlichen gesäet; Joachim Slüter ist der Meinung gewesen, baß in der jungen lutherischen Kirche nur beutsche Psalmen gesungen werben bürften, während bie übrigen Prebiger auch latei= nische Gesänge zulaffen wollten; in einer Unterrebung aber, bie im Beisein Dr. Olbenborps zwischen ihm und Valen= tin Korte, Peter Hakenbahl unb Bartholb von St. Jakobi gehalten worden ist, hat er sich um des Friedens willen mit ihnen bahin geeinigt, baß, wenn es gleich bes gemeinen Volkes wegen heilsam wäre, ausschließlich beutsche Psalmen zu singen, es boch auch ber Schüler wegen nicht für un= nütz gelten könnte, zur Mette und zur Vesper, wo nicht viel Volk zugegen wäre, lateinische Gesänge zu ge= brauchen; baburch sind bem Teufel Thür unb Fenster ver= schlossen worden.

Die gleiche Meinungsverschiedenheit Slüters, von ber uns Gryse berichtet, war — wie wir gesehen — schon in seiner Unterredung mit Bugenhagen zu Tage getreten; auch das gleiche Zugeständniß hatte er damals gemacht. Sein Zurückkommen auf ben früheren Standpunkt ließe sich einestheils burch bie Bedeutung, welche der Gemeinde= gesang bei der Einführung der Reformation hatte, andern= theils burch bie Liebe erklären, mit ber gerade er ben= selben gepflegt zu haben scheint. Schon im Jahre 1525 war bei Dietz ein Gesangbuch — bas, soweit bekannt, älteste in niederbeutscher Sprache — erschienen, beffen

Vorrede den Namen des Herausgebers durch die Anfangs=
buchstaben J. S. anbeutet, und am 20. März 1531 schloß
Dietz den Druck eines neuen Gesangbuches ab, dessen erster
Theil eine niederdeutsche Uebertragung des Lutherschen
Lieberbuches vom Jahre 1529 bildet, während der zweite
Theil eine von Slüter beschaffte Auswahl aus den ver=
schiedenen übrigen Gesangbüchern jener Zeit enthält. In=
dessen wird uns von anderer Seite über weitergehende
Abweichungen eines Predigers in Rostock berichtet, der
freilich nicht namhaft gemacht wird, aber kaum ein Ande=
rer gewesen sein kann, als Joachim Slüter.

Ein Aufsatz Dr. Johann Oldenborps mit der Be=
zeichnung: „Irrung und Zwist unter den evangelischen Prä=
bikanten zu Rostock" faßte diejenigen Lehrpunkte zusammen,
über welche die Geistlichkeit Rostocks sich nicht zu einigen
vermochte. Dieser Aufsatz wird dem Berichte zu Grunde
gelegen haben, den der Rath an Luther und Melanchthon,
an Bugenhagen und Rhegius sandte, um deren Urtheil
über die betreffenden Punkte zu erbitten. Daraufhin er=
folgten Gutachten von Urban Rhegius aus Celle vom
8. November, von Luther und Melanchthon aus Witten=
berg vom 10. und von Johann Bugenhagen aus Lübeck
vom 24. November. Mit der vom Rath getroffenen An=
ordnung der Ceremonien erklären Alle sich einverstanden,
Luther und Melanchthon in ihrem gemeinschaftlichen
Schreiben nur kurz, Rhegius und Bugenhagen unter aus=
führlicher Begründung ihres Urtheils. Der denselben
widersprechende Prediger wird von Allen zurückgewiesen;
Rhegius meint spöttisch, da derselbe die lateinische Sprache
nicht gebrauchen lassen wolle, so möge er wohl nicht viel
Latein verstehen, sondern ein Deutschherr sein, den man
am besten nach Rhodus schicke. Luther und Melanchthon

rathen, den zänkischen Prediger vor den Rath zu fordern, ihm seine Zänkereien zu verbieten und ihm von Luther zu sagen, wie ihm früher auch schon von Bugenhagen gesagt worden sei, er möge in geistlichen Dingen nicht zu kühn sein, da sich aus vielen Beispielen der Gegenwart ergebe, daß solche Kühnheit Gefahr bringe; eventuell aber solle der Rath, ohne Scheu vor seinem Anhang beim gemeinen Volk, ihn in Frieden aus der Stadt ziehen heißen. Nach der Ansicht Bugenhagens muß der Irrlehrer, wenn er sein Hadern nicht aufgeben will, einfach abgesetzt werden.

Der Zwist betraf zunächst die Beichte, dann die Ceremonien und den Gebrauch des Lateinischen. Der in Frage stehende Prediger bestritt die Nothwendigkeit der Privatbeichte und wollte nur eine allgemeine Beichte zulassen; es genügte ihm nicht, daß man sich der deutschen Sprache wie bei der Taufe, so auch beim Abendmahl bediente, sondern er wollte auch die „bunte Messe", wie er die Beibehaltung der lateinischen Gesänge bei der deutschen Messe nannte, den Ambrosianischen Lobgesang und das Lesen der sogenannten Lektionen durch die Knaben, abgeschafft wissen; endlich bekämpfte er auch die Beobachtung „der freien Ceremonien durch Pfaffen, die sich zu dem Evangelium Christi bekehren". Dieser letztgenannte Widerspruch, dessen Grund Bugenhagen nicht verstehen zu können erklärt, wird wohl gegen die Bestimmungen vom 13. September über den Chorgesang des Domkapitels gerichtet gewesen sein.

Bei der Frage nach der Person des betreffenden Predigers denkt Bugenhagen zunächst an Slüter; dann meint er, es möge sich wohl um einen Anhänger Heinrich Nevers in Wismar handeln, und ergeht sich darauf ausführlich über die dortigen Sakramentschänder. Luther nennt keinen

Namen, aber seine Anspielung auf die frühere Ermahnung Bugenhagens, der seinem eignen Zeugniß nach von den Predigern Rostocks nur Valentin Korte und Joachim Slüter kannte, geht unzweideutig von der Voraussetzung aus, daß der Widerspruch von Slüter erhoben werde; nur auf diesen kann auch der Anhang des gemeinen Volkes passen, den der Rath bei der Ausübung seines obrigkeitlichen Amtes nicht scheuen soll.

Bei der Frage nach der Persönlichkeit des betreffenden Predigers können unserer bisherigen Kenntniß nach nur Joachim Slüter und Matthäus Ebbeler in Betracht kommen.

Ebbeler war einem Schreiben zufolge, das er am 25. Juli 1531 an den Rath richtete, wegen einiger Anschuldigungen der Prädikanten, deren Triftigkeit er bestritt und zu widerlegen sich erboten hatte, durch zwei Bürgermeister die Ausübung seines Amtes für eine Zeitlang verboten worden; er suchte deshalb bei dem Rathe um die Erlaubniß nach, in der ihm verliehenen Kirche den armen Kranken, Lahmen und Blinden, sowie auch den Geisteskranken das Evangelium zu verkündigen und der Anordnung des Rathes gemäß im Dom die Testamentsmesse zu halten; eventuell aber bat er sich ein Zeugniß seines Wohlverhaltens aus, um auf Grund desselben sich anderswo um eine Anstellung bewerben zu können. Nach einem späteren Schreiben vom 22. September 1534 war er Prädikant zu Gnoien geworden, hatte aber in Folge von Versprechungen, die ihm durch Bürgermeister Bernt Murmann und Dr. Johann Olbendorp gemacht und während des letzten Jahrmarkts durch Rathmann Joachim Voß wiederholt worden waren, den Herzögen seine Stellung gekündigt; als er davon den Rostocker Prädikanten durch

Peter Hakendahl Nachricht gegeben hatte, war ihm von diesem geantwortet worden, es wären in Rostock Prädikanten genug vorhanden; daraufhin hatte er den inzwischen zu seinem Nachfolger in Gnoien ernannten Valentin gebeten, mit dem Antritt seines Amtes bis Ostern zu warten; die Herzöge aber hatten befohlen, daß er die Wedem schon zu Michaelis zu räumen habe; nun bat er den Rath, wenn man ihn den übrigen Prädikanten nicht für ebenbürtig halte, ihm wenigstens für den kommenden Winter Wohnung und Herberge zu geben. Dann ist Ebbeler Prediger an der Marienkirche zu Anklam geworden, von hier nach Rostock zurückberufen und als Nachfolger von Heinrich Techens zum Pastor an der Marienkirche bestellt worden und in diesem Amte am 6. Mai 1556 gestorben.

Mit absoluter Sicherheit ist die Frage, ob der Streit von Slüter oder von Ebbeler ausging, vorläufig nicht zu entscheiden. Für Ebbeler läßt sich geltend machen, daß er wirklich, aber schon vor dem 25. Juli 1531, von seinem Amte dispensirt wurde, für Slüter die Erzählung Gryses, der Bericht Bugenhagens, die Anspielung Luthers und nicht am wenigsten die Vorsicht, welche den Rath bewog, sich von Luther und Melanchthon, von Bugenhagen und von Rhegius Gutachten zu erbitten, ehe er gegen den ungenannten Prediger einschritt. War es, wie doch am wahrscheinlichsten ist, Joachim Slüter, gegen den diese Autoritäten sich aussprachen, so darf man aus Gryses Erzählung die Folgerung ziehen, daß er dem Urtheil derselben sich beugte und den Gründen der Zweckmäßigkeit nachgab.

42. Joachim Slüters Tod.

Schon am 29. April 1531 hatte der Rath den Franziskanern, Dominikanern und Fraterherren befehlen lassen, fortab, um Aergerniß zu vermeiden, nur in bürgerlicher Kleidung auf die Straße zu gehen. Vermuthlich war damals auch ein Mandat gegen die Betheiligung an der Messe in den Klosterkirchen ergangen. — Im Jahre 1532 ging der Rath mit der Aufhebung der Kalandsbrüderschaften vor. Am 5. Januar gab die Priesterschaft der Kalande zu St. Jakobi, St. Marien und St. Nikolai ihre Einwilligung dazu, daß die Einkünfte der Kalandsbrüderschaften hinfort von den Verordneten des Rathes zur Besoldung der Kirchen- und Schuldiener verwandt würden; unterzeichnet wurde die Urkunde von Christian Dalwitz, Franciscus Andreae, Heinrich Finke, Johann Eggerstorf, Arnold Bernow, Johann Detlevi und Kirchherr Johann Katte von St. Nikolai. Eine Säkularisation war dieser Akt nicht, sondern eine Umwandelung von katholischem in protestantisches Kirchengut. Vermuthlich aber war er die Veranlassung, daß Herzog Albrecht am 5. Februar ein uns nicht erhaltenes Mandat gegen die Veräußerung oder Unterschlagung von Kirchengütern erließ. — Am 27. April ließ der Rath die Jungfrauen des heil. Kreuz-Klosters auffordern, zur lutherischen Lehre überzutreten; die Schwestern hielten aber ihr Klosterleben und die katholische Lehre noch fest, als ganz Rostock schon längst evangelisch war.

Zur Fastnachtszeit gestattete der Rath, daß auch während der Fasten öffentlich Fleisch im Scharren verkauft werden dürfe. Am Gründonnerstage (März 28) wurde ein Mandat von der Kanzel verkündigt, daß Niemand nach Biestow oder nach Kessin hinausgehe, um dort der

Meſſe beizuwohnen. Als ſich Valentin Korte, der Paſtor von St. Marien, in den Eheſtand begab, betheiligten ſich bei dem öffentlichen Kirchgange und dem Hochzeitsmahle ſämmtliche Rathsmitglieder.

Am Pfingſtſonntage dieſes Jahres, am 19. Mai, zwiſchen 2 und 3 Uhr Nachmittags, iſt Joachim Slüter geſtorben. Gryſes Bericht zufolge war er kurz vor Pfing= ſten bettlägerig geworden, aber ſchon ein Vierteljahr hindurch leidend geweſen. Zu ſeinem Nachfolger wurde Joachim Schröder beſtellt, der in ſeinem neuen Amte am 22. Juni 1533 ſeine erſte Predigt hielt. Vorher war er Schul= meiſter zu St. Petri geweſen und hatte, wie er in einer Eingabe an den Rath vom Jahre 1535 berichtete, ſeit Allerheiligen (Nov. 1) 1530 gepredigt, nach Slüters Tode aber 20 Wochen lang einem Schulmeiſter und drei Jahre hindurch dem Johann Klowkyn für das Halten des Teſta= ments an Sonn= und Feſttagen Gehalt bezahlt.

In Joachim Slüter verehrt Roſtock ſeinen Reformator. Er allein hat den Kampf gegen die herrſchende Kirchen= lehre kühn aufgenommen und mit Energie durchgeführt. Ihm fehlte die Beſonnenheit und die Gelehrſamkeit ſeines ſpäteren Mitſtreiters Valentin Korte; aber ſein Wort hatte Kraft und Feuer, und wenn der ſchwarzhaarige, ſchwarz= bärtige Mann auf die Kanzel trat oder, wie er es liebte, unter der großen Linde des Petrikirchhofs ſeinen Predigt= ſtuhl beſtieg, ſo riß ſeine Predigt die andächtig lauſchenden Zuhörer mit ſich fort, erfüllte ſeine freudige Siegesgewiß= heit ſie mit Zuverſicht, begeiſterte ſie ſeine warme Liebe für den gemeinſamen deutſchen Kirchengeſang. Weit über ſeinen Tod hinaus hat ihm ſeine dankbare Gemeinde ihre Anhänglichkeit bewahrt.

Der Schmerz über ſeinen Verluſt rief bei dem da=

mals noch alle Kreise beherrschenden Aberglauben und bei
der Schärfe der kirchlichen Gegensätze den Wahn hervor,
man habe ihm mit höllischen Künsten nachgestellt, und er
sei auf Veranlassung der Katholiken vergiftet worden. Daß
ein solcher Wahn damals entstehen und in den folgenden
Jahrzehnten immer fester Wurzel fassen konnte, ist erklär=
lich: ihm jetzt nicht entgegenzutreten, wäre des Andenkens
Slüters unwürdig.